Pense-bête

Jacqueline Borel-Freymond

Pense-bête

Editions à la Carte

© Jacqueline Borel-Freymond

Editions à la Carte
www.edcarte.ch
Imprimerie Calligraphy.ch
N° 1137 – novembre 2009
ISBN 978-2-88464-919-3

... ou dans le clin d'œil alourdi de patience, de sérénité et de pardon réciproque qu'une entente involontaire permet parfois d'échanger avec un chat.

Tiré de « *Tristes Tropiques* »
de Claude Lévi-Strauss

Perroquet

J'ai fait la connaissance de Crazy Horse, le cacatoès, lors du quarante-cinquième anniversaire de sa propriétaire Magali. Je ne les connaissais ni l'un ni l'autre, et je connaissais à peine le mari de Magali, Rudolf, qui parlait français avec un lourd accent suisse allemand. Lors de nos rares contacts de travail, je le vouvoyais et l'appelais par son patronyme.

Revêtue de mes plus beaux atours, je me suis présentée par ce beau jour d'été au portail de l'imposante propriété. Rudolf, en tenue décontractée, ressemblait encore davantage à un bouledogue. Précédé de deux puissants rottweilers, il m'a accueillie le plus gracieusement qu'il le pouvait, malgré son apparence de bouledogue. Heureusement que mon mari n'avait pas pu venir, car il a très peur des molosses, spécialement de leurs mâchoires impeccables qui ne lâchent ni la viande ni l'os. Avec mon naturel confiant, j'avance sans peur, pour parfois partir à toute vitesse si le danger se fait trop pressant. Ce ne fut pas le cas. Je n'irai pas jusqu'à dire que les chiens étaient accueillants. Je me contentai de ne pas les regarder dans les yeux. Ils ne grondèrent pas. En cette compagnie, je pénétrai dans un hall carré immense, haut de deux étages, éclairé par une verrière donnant sur le toit de la résidence. Mon hôte me présenta son épouse sur l'épaule de laquelle était perché le perroquet qui me fut également présenté. Il était blanc comme neige, avec une aigrette orangée qu'il faisait émerger ou se retirer, selon son humeur et son bavardage. Ce qui me plut beaucoup, ce fut cette femme sans un signe clinquant de beauté, vêtue avec discrétion, un peu alanguie dans un canapé Louis XV recouvert d'une étoffe satinée céladon. Elle n'avait l'air de rien, mais faut-il se fier aux apparences ? Elle caressait avec mélancolie les plumes de l'oiseau qui se serrait contre sa joue discrètement fardée. Elle lui donnait des baisers menus sur son bec de cuir, et le perroquet la regardait de ses yeux pareils à des yeux de verre, pupilles noires cerclées de blanc. Mon hôtesse m'invita à m'asseoir auprès d'elle, d'un geste nonchalant. Elle avait quelque chose d'épuisé, sa voix murmurait. Les yeux délavés, encore un peu gris, cernés d'un mauve maladif, elle me raconta, dans un débit très lent, avec de rauques intonations, et un sans-gêne inouï, qu'elle arrivait du Congo, où elle avait vécu une dizaine d'années, ne rentrant en Suisse que pour accoucher de ses deux garçons.

– Si vous saviez, ma chère, ce que sont ces pays, leur climat infernal, les hommes qui ne boivent que du whisky ! Regardez mon mari, regardez ce type affreux, qui ne peut plus traîner ses énormes fesses, dire que quand je l'ai connu, il était un bel homme ! Je ne peux plus le voir. Il est devenu énorme, on dirait un éléphant. C'est affreux.

Elle disait cela tranquillement, sans hausser le ton. Elle m'avait informée de son prénom mais ne m'avait pas demandé le mien. Je me sentais orpheline dans ce décor magnifique et très mal à l'aise de ce dont elle me tenait au courant sans que nous ne soyons confidentes.

– Voulez-vous visiter la maison ? Je vous laisse faire.

Elle se leva, son perroquet sur l'épaule, me laissant livrée à moi-même, et s'en alla en direction de l'office.

Un peu mal à l'aise, et puisque j'y avais été invitée, je montai l'escalier et me trouvai devant plusieurs portes de chambres donnant sur une galerie. Je visitai les lieux sans même fouler ni les parquets anciens, ni les tapis d'Orient recouvrant presque toutes les surfaces. Les meubles, Louis XV, me semblaient d'une monotonie... Un office, de marbre beige revêtu, deux salles de bain, l'une de marbre rose, la deuxième de marbre blanc, la baignoire pleine de bouteilles de champagne mises à rafraîchir dans des glaçons à ras bord. Je contemplais le spectacle, m'interrogeant comment il avait fallu s'y prendre pour une telle production de glace et me demandant combien chaque invité boirait de bouteilles. Je descendis sur la terrasse où bavardaient des gens que je ne connaissais pas. Je retrouvai mon hôtesse, Crazy Horse sur l'épaule. Elle s'était changée et avait revêtu un gracieux sari pourpre qui lui donnait un peu meilleure mine. Le perroquet jacassait, content et intéressé par tout ce monde.

— Il est très sociable. Dommage que je doive vivre comme une sauvage dans cette maison. Mon mari n'aime pas que je sorte. Il se croit toujours en Afrique. Heureusement, j'ai un permis de conduire. J'ai commandé une voiture. Je vais pouvoir changer de décor.

Elle commençait à me courir sur le fil, Magali. Elle n'avait vraiment pas de classe. Son cacatoès m'avait vivement impressionnée, mais à part ça, elle traînait la savate comme une vieille femme. Est-ce à dire qu'elle souffrait de sa vie dans un décor de conte de fée dans lequel son mari peu gâté par la nature, il faut en convenir, ne cadrait pas du tout ? Tout et son contraire ! Vraiment midinette, la zilliardaire ! Je me disais qu'elle ne connaissait pas la vie des femmes qui triment comme des esclaves, celles dont le mari a une petite paie, ces femmes courageuses qui élèvent des enfants, et sont employées dans les grandes surfaces. Mais je me taisais, contrairement au perroquet. Pour faire diversion, je tentai une conversation avec lui :

— Crazy, Crazy, mignon, mignon, sais-tu dire coco ?

Ce fut Magali qui me ferma le bec, me disant qu'il ne parlait de façon sensée qu'avec elle dans sa chambre à coucher :

— Vous pensez bien que je ne dors plus avec cet épouvantail, dit-elle en désignant de son index, sur lequel scintillait un énorme diamant, le mari si peu désiré.

— Bien sûr, ajouta-t-elle, regardez-le, il débouche du champagne pour les invités et lui il sirote son éternel whisky. Si vous saviez…

Je partis très tard, ayant appréhendé ce monde qui n'est pas le mien, tout heureuse de retourner chez nous. La seule chose que j'avais aimée, au fond, c'était le perroquet.

Quelques mois plus tard, j'appris que Magali avait rencontré un stewart dans un aéroport. Elle était partie vivre avec lui, emportant un très beau tapis d'Orient et une pendule neuchâteloise. On me mit également au courant que, dans les vingt-quatre heures, Rudolf avait commandé et fait livrer dans la résidence merveilleuse le même tapis et la même pendule qui manquaient à l'appel.

— Je n'aime pas que les objets auxquels je suis habitué manquent. Par contre, elle m'a laissé son foutu « Crazy Horse », avait-il commenté, plus bullmastiff que jamais…

Pompon et le biscuit au maïs

Presque une fois par semaine, souvent le samedi, Maman préparait un biscuit au maïs, Pompon dans ses jambes, cette sauvageonne tricolore maigrelette que Papa avait récupérée dans un galetas, abandonnée, à peine sevrée. Il avait dit :
– Je ne sais pas si on pourra la sauver, elle a la maladie des petits chats, la diarrhée.

Maman l'avait déposée à la buanderie, dans une corbeille d'osier avec des vieux linges éponge. Et Pompon, après quelques semaines de maladie, nourrie affectueusement, avait mis la truffe dehors, d'abord avec méfiance, ensuite avec une joie innocente et gambadante.

Parfois, nous nous réunissions les quatre autour de la table, mettions la tête dans nos mains et faisions semblant de sangloter. Pompon ne savait plus que faire pour nous consoler, allant de l'un à l'autre, miaulant doucement, poussant son museau jusqu'à nos visages. C'était une chatte qui avait du cœur, nourrie de poumon cru plein d'air. On le coupait aux ciseaux pour en faire des morceaux d'un rose tendre avec des nuances mauves. Pour varier le menu, Maman faisait cuire le poumon et une odeur affreuse se répandait dans toute la maison.

Les ancêtres italiens de Maman, qu'on appelait ici « les ventres jaunes », mangeaient beaucoup de polenta, donc de maïs. Ce n'était pas notre cas. Pour mes ancêtres italiens, contrairement à mes ancêtres suisses, que je n'ai jamais connus, (Maman était la mémoire orale de tous) la nourriture comptait beaucoup. Ma grand'mère Emma, dite Nonette, cuisinait divinement. Elle savait utiliser le beurre donnant un goût incomparable au plus simple plat de pâtes. Elle cuisait des poulets juteux qu'elle arrosait avec amour, ouvrant et refermant le four de multiples fois. Du reste, pendant la cuisson de la volaille, elle restait debout devant la cuisinière à gaz, un foulard imprimé noué au-dessus du front emprisonnant sa chevelure. Elle n'avait eu qu'un seul chat dans sa vie, « Le Pounou », qui était tombé d'une fenêtre d'un quatrième étage, à la rue de l'Académie. Il était mort sur le coup. La Nonette n'eut plus jamais de chat.

Je ne connais pas la recette du biscuit au maïs de Maman. Jamais, je n'irai la chercher dans un livre de cuisine. Elle fait partie du goût irremplaçable de mes souvenirs. Il me semble que la farine de blé était simplement remplacée par de la farine de maïs. Maman battait au fouet dans une grande jatte blanche à l'intérieur et brune à l'extérieur un certain nombre d'œufs avec du sucre, elle y râpait l'écorce d'un citron, ajoutait de la levure, du sucre blanc et la farine. Elle étalait la masse de belle teinte ivoire dans une plaque à gâteau noire et rectangulaire aux dimensions du four, la lissait avec la souple spatule usagée au manche de bois. Mon frère et moi avions le droit de lécher la jatte, ce que nous faisions d'abord avec nos index récoltant la plus grande partie de ce qui restait. Si nous léchions la jatte, nous en avions jusqu'aux oreilles ! On partageait un tout petit peu avec Pompon qui se rappelait à nous en sautant sur la table. Maman glissait ensuite la plaque dans le four qu'elle avait réglé sur la température exigée. Une odeur douce se répandait dans la maison. La porte du four n'était

pas transparente. Interdiction de l'ouvrir. Seule Maman, à un certain moment qu'elle connaissait par cœur, munie d'une aiguille à tricoter en métal, entrouvrait le four et piquait le biscuit invisible. Elle essuyait l'aiguille entre le pouce et l'index :
– Encore dix minutes, disait-elle.

Nous attendions la sortie définitive du four. Munie de deux pattes crochetées avec du coton rouge, elle sortait la plaque du four et la posait sur une catelle pareille à celles recouvrant les murs de la salle de bain qui protégeait de la chaleur la table de la cuisine en formica bleu ciel. Là, le magnifique gâteau au maïs, doré par la cuisson, grandi en hauteur de plusieurs centimètres, refroidissait sous l'œil attentif des jumeaux. Alors Maman, en fière pâtissière, une fois l'objet de nos convoitises devenu froid, le transportait à la salle à manger, montait sur une chaise et le posait sur l'ultime rayonnage du fameux buffet Henri II tout sculpté de lions et de fruits. Là il attendrait son heure, soi-disant à l'abri de la gourmandise de Pompon.

– Jean-Pierre, va chercher le biscuit au maïs !

Mon frère, gamin gourmand en culottes courtes, courait à la salle à manger, grimpait sur une chaise et apportait la fameuse pâtisserie sur la table de la cuisine. Maman la découpait en morceaux raisonnablement rectangulaires. J'appréciais les angles, dont les côtés étaient brunis et goûteux, contrairement à ceux du gâteau aux pommes dont je préférais les fruits à la pâte. Une fois, mon frère posa sur la table un gâteau dont tout le dessus avait été léché par Pompon. Elle fut grondée et Maman, pour la punir, lui trempa le museau dans le gâteau inutilisable qui fut partagé entre les oiseaux et le chat. Il faut dire que notre minette crevait toujours de faim. Elle, si maigrichonne, avait eu au moins cinquante petits sa vie durant…

Papa, ce coquin, certain dimanche, lança :

– Jean-Pierre, va chercher le gâteau au maïs !

Mon frère courut, sur ses jambes plus frêles que les miennes, que Maman avait frictionnées longtemps avec de l'eau de vie de lie dans laquelle macéraient des pétales de fleurs de lys blancs.

Tout aussi gourmande que mon frère, mais mieux au courant de ce qui se faisait en cuisine, je savais, comme Papa et Maman, qu'il n'y avait pas de biscuit sur l'ultime rayon du buffet Henri II.

Quand mon frère revint, tout déçu, je n'étais pas contente de le voir ainsi. J'en voulus un tout petit peu à Papa. Mais je savais que Jean-Pierre pourrait se consoler puisque, chaque nuit, Pompon dormait avec lui.

La fauvette

Fauvette grisette, ou babillarde, ou des jardins, peut-être à tête noire ? Pas tête de linotte pour un sou, la fauvette. Musicienne hors pair, nom d'une grive, sachant son solfège sur le bout de la queue, s'envolant lyriquement de ses deux ailes. Pas une seule fausse note. Une fanfare à elle seule : tek, vohid-vohid, dscharp, wèd, wèt-wèt, tzeck tzeck, tak, tzèk, tr tr, dèdèdè, errrr, djèn, trtrtrtr.

Tenez-vous bien, vous bipèdes chargés d'instruments, avec vos bicornes, vos épaulettes à franges d'or, vos baudriers, vos sacoches à partitions, vos galons sur les manches, partout, et vos passepoils orange au pantalon citron. Et votre chef, avec sa baguette autoritaire, que fait-elle de l'harmonie qui doit aller de soi ?

La fauvette grisette, ou babillarde, ou des jardins, peut-être à tête noire ? Après un prélude de court bavardage rauque, dans des notes grinçantes, semblables au bruit de cailloux frottés les uns contre les autres, avec un art consommé que nul ne peut imiter, elle s'amuse d'un gazouillis savant, rauque et bas, suivi d'une strophe monotone, bruyante, semblable à un cliquetis. Puis elle envoie des strophes soutenues, comme une déclamation bouillonnante, entremêlées de sons profonds rappelant l'orgue. Elle ose même des gazouillis précipités se terminant en une flûte sonore et vibrante, à moins que ce ne soit une courte strophe précipitée, composée de sons pétaradants et de sifflements. Les fanfarons, faites-en autant avec vos deux poumons soufflant dans un cuivre, ou vos deux mains tapant avec des bâtons sur des peaux tendues sur un tambour. Au moins quarante que vous êtes à défiler, suants et soufflants, derrière votre étendard glorieux !

La fauvette grisette, ou babillarde, ou des jardins, peut-être à tête noire ? Pesant de huit grammes et demi à vingt grammes, mesurant de douze centimètres et demi à quinze centimètres, vêtue d'un uniforme de plumes absolument discret, ce qui n'est pas votre fort, dans le gris clair, le brun gris, le brun olivâtre, avec une casquette noire ou un calot brun rouge.

Le talent le plus modeste que je connaisse.

L'oiseau bleu

Malgré tous les contretemps de l'existence, et grâce à son caractère généreux et insouciant, Gina part chaque matin du bon pied et quitte, vers six heures trente, son appartement avec vue sur le lac, après avoir salué sur le gazon Ultima, la chatte angora noir charbon aux yeux d'or :

– Au revoir, Ultima, ma chérie. A ce soir. Il y a des croquettes dans ta gamelle. Passe une bonne journée.

Gina saute dans sa voiture de sport rouge fringant et part au travail le sourire aux lèvres.

Au début, elle s'est étonnée de ce rêve récurrent d'oiseau bleu volant dans ses nuits, mais sans se poser aucune question. Ce n'est pas dans sa nature de se serrer la tête dans l'étau afin que s'en écoule l'idée du siècle ! L'oiseau bleu est apparu dans ses songes alors qu'elle venait de rompre avec Jean-Robert. Elle y avait mis le temps, mais elle avait fini par parvenir à lui laisser un SMS ferme et définitif :

« Ton matos est dans le garage, que je laisserai ouvert. Jusqu'à demain dix-neuf heures. Tu peux en disposer. Bisous. Gina »

Elle avait transporté depuis son appartement, sa cave, la terrasse, les deux luges en plastique rouge de Justine et d'Axel – les enfants de Jean-Robert, pour lesquels elle n'éprouvait pas des sentiments brûlants – , la grande luge en bois « Davos » pour au moins quatre personnes, réminiscence d'un rêve de gosse devenu père, et à la fois projection de sa vie de famille ratée à lui, l'incertain « en instance de divorce ». Gina avait beau insister, Jean-Robert voulait croire que ce statut serait définitif, alors qu'il n'était qu'une étape de transition vers la rupture définitive du divorce. Le mountain bike, la sorbetière qui n'avait servi qu'une fois pour de la glace au citron, les skis et les bâtons, des housses avec des habits dedans, du linge de maison repassé sous film transparent.

Gina n'avait jamais confié la clé de son appart à Jean-Robert et s'en félicitait. Confrontée à la première rupture de sa vie, elle se rendait compte que le début de prudence dont elle avait pour une fois fait preuve trouvait ses racines dans le manque de confiance qu'elle avait en Jean-Robert. Mais n'était-ce pas également un manque de confiance en elle-même ?

Et voilà que, alors qu'elle ne croyait plus vraiment à l'oiseau bleu en faisant aveuglément confiance, cet oiseau bleu venait hanter ses rêves. Avait-il vraiment la signification que l'on voulait lui donner ? Etait-il le signe d'un bonheur permanent ? Quel message personnel voulait-il lui délivrer ?

Jean-Robert lui avait tant vanté depuis au moins dix-huit mois, à vrai dire depuis le tout début de leur relation, les mérites de sa recette de poulet au vin jaune. Elle attendait toujours qu'il la réalise. Il lui avait parlé également avec enthousiasme de son goût pour le jardinage, tout en la laissant se coltiner avec la tondeuse et les montagnes de gazon à débarrasser à la déchetterie : « Mais, Gina, ma chérie, ne te fatigue pas trop ! » Elle ne savait plus que penser de cette façon d'agir. Au début de leur histoire, déjà, elle évitait ses baisers-ventouses, échappait aux étreintes-corridors et se levait aux aurores, alors qu'il dormait à poings fermés, pour court-circuiter le devoir – car, oui, Gina en était là – ce devoir qui n'était même pas conjugal…

– C'est pas possible, ce que je m'inflige avec ce mec, disait-elle à Emma, sa tata confidences.

Jusqu'à cette rupture-là, Gina avait toujours conservé avec ses ex des relations de grande amitié. Mais jamais elle n'était tombée sur un jaloux.

– Tu sais, lui disait Emma, ton Jean-Robert, pour lui, la femme idéale c'est celle qui pèse cent-dix kilos et qui a un bandeau noir sur son œil de verre !

Gina prenait du poids. L'œil gauche de son regard si bleu se mettait à loucher, comme dans son enfance, quand elle avait dû porter des lunettes avec des obturateurs pour corriger son strabisme. Elle pensait à ce qu'Emma lui avait dit.

Avant l'ultime SMS, elle avait bien tenté de rompre verbalement, mais Jean-Robert ne voulait rien comprendre.

– Si tu me quittes pour retourner avec Yves, je le tue !

Et Gina sentait la peur la gagner. Et ces nuits-là, elle rêvait à nouveau de l'oiseau bleu.

Après la rupture, Jean-Robert, fou furieux, l'avait insultée par téléphone :

– Jamais je ne me suis fait sortir de cette façon ! Pour qui te prends-tu ? Tu as engraissé de douze kilos depuis qu'on se connaît, tu as les seins qui tombent, tu ne t'intéresses qu'à ton boulot et au fric. Si tu revois Yves, je te tue !

Et chaque nuit, depuis ces insultes qui avaient beaucoup fait pleurer Gina, l'oiseau bleu ne la quittait plus. Ses nuits étaient peuplées de tant d'oiseaux bleus, d'ailes turquoise dans des murmures bleutés ! Elle tentait de saisir entre ses mains cet oiseau de rêve, sans le serrer trop fort, mais il s'échappait toujours pour s'élever dans un ciel d'azur en chantant, et son chant ressemblait à celui de l'alouette et, comme elle, il retombait d'un coup, comme une pierre. Mais jamais elle ne le voyait à terre.

Un soir, le téléphone sonna. Bêtement, sans penser à rien, elle souleva le récepteur sans contrôler l'appel. Jean-Robert, d'une voix coupante, lui réclamait ses couteaux de cuisine :
— Ils sont dans la valise en bois, sous le lit. Je viendrai les chercher.

Gina en parla à Emma, qui s'enflamma :
— Je ne t'ai jamais rien interdit. Mais cette fois, je t'interdis de le voir pour lui remettre ces couteaux !
— Tu as raison. Il faut que je sois prudente, répondit Gina. J'irai poser la mallette sur son balcon et je lui laisserai ensuite un message sur son portable.

Depuis lors, jamais l'oiseau bleu ne réapparut dans les rêves de Gina.

Minette à Odysse

Dans ses prunelles couleur lagon, tes yeux marron, Maman, voient les palmiers des oasis de tes souvenirs se balancer aux alizés doux amers de l'uniforme saison du passé. Ici, été comme hiver, Minette se vêt de fourrure rousse. Elle porte ses anneaux d'ambre à ses pattes mordorées. Elle se faufile entre pins et rosiers, posant avec mille précautions ses coussinets sur le terrain, allant se vautrer sous un buisson avec un sans gêne peu ordinaire parcouru d'un soupir d'aise.

Les jours de détresse, car nous en vivons tous, Maman, tu l'appelles plutôt quatre fois qu'une par la fenêtre, de ta voix énergique, fatiguée, éraillée d'avoir tant répété les choses qui n'arrivent jamais quand tu le désires. Et même, tu descends dans la cour pour l'y chercher... Minette arrive toujours à son heure, qui n'est ni la tienne, ni celle du repas de l'horloge, mais la plus juste heure animale, celle des caresses de son pelage sur ta peau. Au cou, elle porte un collier de cuir brun parce qu'il n'en existe pas de turquoise. A ce collier pend un médaillon doré et cylindrique, à l'intérieur duquel, sur un petit papier enroulé, sont écrits son nom, son adresse et son numéro de téléphone, à l'intention de ceux qui voudraient en savoir davantage sur cette habitante secrète, s'exprimant par de discrets frôlements, de délicats miaulements et un ronronnement étonnant par son ampleur et sa profondeur presque viriles.

Elle et toi vivez ensemble, face au miroir du lac, au paysage et à ses saisons qui s'y reflètent, à mi pente des monts, dans les vignes, à Odysse. Pour les pensionnaires de la maison, tu es « la dame au chat », Maman, toi qui as été ta vie durant une dame à chat. Ils te signalent avec fidélité le passage de Minette sur la terrasse, dans les escaliers extérieurs ou sur la place de parc. Très rarement, la chatte fait une incursion dans le salon, truffe rose et moustaches blanches curieuses, jamais indiscrètes. Rien ne lui est interdit. En chatte responsable, elle sait que sa liberté s'arrête où commence celle des autres. Pour entrer et sortir de ta chambre, elle utilise l'échelle privative que nul autre pensionnaire, jusqu'à ce jour, ne s'est mis en tête d'emprunter, fort heureusement ! Jamais elle n'a volé de rôti ni piqué de salami, car elle est de bonne éducation et sait garder ses distances avec la tentation.

Lorsque la nuit tombe, elle te rejoint dans ton lit fleuri. Elle s'étend de tout son long contre toi, sans pudeur, elle qui vit nue comme les grands sentiments. Belle entre les belles de nuit, extrêmement lasse d'attitude, en ta compagnie elle attend le jour.

Mitsou

Tôt rejeté par sa mère,
N'ayant jamais connu son père,
Muni d'un collier jaune fluo,
Avec cellule pour porte à chat privatisée,
Errant cependant à sa guise,
De vitrine chic en soupirail puant,
Mitsou
Rencontre au coin d'une rue
Celle dont il ignore qu'elle fut sa génitrice.
La baisant dans d'horribles cris meurtriers,
La laisse pantelante.
Il pisse à l'angle du mur en s'en allant.

Chat d'abandon et de luxure,
Chat tout de noire fourrure
Et de silencieux aux pattes,
Tournant le dos aux admirables compliments,
Devenant indulgent soudain
A des genoux inconnus et frileux
Mitsou
Se retourne, écoute, regarde,
Oreilles dressées, prunelles ambiguës
Aux criminels éclairs,
Aux levantines douceurs.
Tout de grâce inégalable,
Dédaigneux des murmures d'amour
Susurrés à tant d'instantanée beauté.

Un phalarope à Pully, kekcekça ?

A l'embouchure de la Paudèze, vous verrez un zoiseau inattendu, de la grosseur d'un merle – un merle blanc un peu mâchuré ? – qui côtoie les habitués du coin, goélands, mouettes rieuses ou ricanantes, canards et harles bièvres. Il ne s'en laisse point conter par ces individus plus forts et emplumés que lui. Il a trouvé sa place et s'y tient bien.

Il a fait un très long voyage. Peut-être a-t-il été dérouté par des vents violents qui lui ont fait perdre le nord, que dis-je, le sud ? Il est en effet parti du nord pour s'en aller hiverner dans le sud, comme nous le ferions bien volontiers si nous n'aimions tant nos paysages changeants.

Le zoiseau a transformé l'ambiance de ce coin du bord de notre Léman si charmant en toutes saisons. Les promeneurs, informés par le quotidien du Pays de Vaud si beau, viennent en masse voir l'immigré. Des ornithologues arrivent par fournées de la proche Italie, de France voisine, de bien plus loin encore. On parle d'un Danois qui aurait fait le voyage jusque sous nos latitudes…

A propos d'ambiance, on peut citer :
– Mais qu'est-ce qu'il est venu faire là ?
– Hier, je ne l'ai pas vu. Il a dû aller pique-niquer à Préverenges.
– C'est un mâle ou une femelle ?
– Il est courageux, tout seul ici.
– C'est un grand voyageur. Il n'a pas peur de la solitude.

– Il paraît qu'il s'est arrêté ici à cause de la STEP. Il y a plein de larves délicieuses.
– C'est la cinquième fois que je viens le voir.
– Il se débrouille bien pour venir de si loin.

Le phalarope est également filmé, photographié, observé sous toutes les coutures, objet de toutes les attentions. Bref, il est couvé par toute une population.

Et le miracle produit par ce petit volatile, voyez-vous, c'est que les gens s'adressent la parole, voire même se sourient, bref se dérident, eux toujours un brin distants.

Au fond, la recette est simple : il suffit d'un phalarope à bec large dont voici ci-dessous la carte d'identité :
Phalaropus fulicarius.

On le voit constamment nager. Plumage d'été facilement reconnaissable, avec calotte sombre, face blanche et dessous du corps châtain. Femelle beaucoup plus colorée que le mâle. En hiver, il est blanc avec le dessus gris pâle, une ligne sombre sur l'œil, et une barre alaire blanche. Bec épais et assez court, avec une base souvent jaune.

Voix : un « ouit » ou un « priip » bref.

Habitat : étangs de la toundra l'été. Hivernage en mer ; se rencontre de passage sur les côtes ou les eaux intérieures, surtout par gros temps.

Nourriture : insectes, crustacés, mollusques. Nage parfois en toupie quand il pêche. L'été, le plumage se teinte de rose, la nourriture étant à base de crevettes.

Nidification : en Islande uniquement. Nid au sol. Rôles sexuels inversés : le mâle assure l'incubation dix-neuf jours durant et élève seul les petits.

Les paris sont ouverts : repartira, repartira pas ?

Les deux tourterelles

Le père Chavaillard était venu de la Vallée de Joux travailler en ville. Il était charpentier. Dans sa famille, ils étaient charpentiers de père en fils.

Depuis de nombreuses années, il touche l'A.V.S.. Il s'ennuie un peu, uniquement occupé à essayer d'être, puisqu'il ne peut plus faire maintenant, lui qui a tant œuvré de son corps, de ses mains et de son esprit habile. Il habite au dessus de l'atelier que son fils exploite, puisque l'aîné est également devenu charpentier. Il n'embête jamais le fiston en lui disant : « de mon temps, on faisait comme ci, on faisait comme ça ». Ainsi, quand l'envie le prend, il peut descendre respirer l'odeur du bois scié, pousser du bout de ses gros souliers les copeaux sur le côté. Il est bien reçu par les ouvriers. Il ne reste pas longtemps. Ensuite, il remonte lentement l'escalier jusqu'à l'appartement, avec un petit cornet de sciure pour la caisse du chat.

Oui, le père Chavaillard adore les animaux.

Cet amour le console du temps qui passe, à la fois lentement et trop vite, des dures paroles de sa femme qui récrimine sans arrêt sur ses filles qui la laissent tomber, elle qui a tant fait pour les élever, sur sa belle-fille qui ne vaut pas cher, sur les pêches trop dures ou les raisins pas assez sucrés. Le père Chavaillard est un philosophe qui s'ignore. Il n'ignore cependant pas que peu de gens savent vieillir, parce que c'est difficile. Il sait faire le gros dos, comme sa minette Cachou lorsqu'il la caresse et qu'elle le lui rend bien. Il passe ses heures devant la télé, les jours de pluie, la chatte sur les genoux. Elle ronronne puis se tait en dodelinant de la tête. Il a toujours pris les animaux en exemple. Tout au long de sa longue existence, le père Chavaillard a recueilli bien des chats perdus, hébergé des chiens en mal de maître, pour une nuit, pour un mois et même bien davantage, voire pour toujours...

Un de ces matins de fin mars ou de début d'avril, où il semble que l'hiver n'en finit pas de finir, il a recueilli deux tourterelles transies de froid, presque inanimées de faim. Il leur a donné de la mie de pain trempée dans un peu d'eau et de kirsch. Il les a tendrement déposées sur une plaque à gâteau, dans le four préalablement tiédi de la cuisinière électrique. Il les a laissées ainsi, la porte du four ouverte, pour qu'elles se réchauffent. Elles somnolaient sans peur. Elles se sont vite requinquées et leur œil a retrouvé son brillant.

Il a ouvert la fenêtre et leur a rendu la liberté.

Balthazar, Toulouse, Hilde, Lisette et les autres...

Entre douze heures quarante-cinq et treize heures, je sors devant la maison prendre le soleil, faire une pause avant de retourner au bureau. A côté de la voiture vert bouteille parquée sur la place jaune dénommée « livreur », Balthazar, le nouvel arrivé, prestement baptisé par mes soins, Maine Coon, est couché royalement sur le pavé gras et peu ragoûtant. Il éclate paresseusement de toute sa féline superbe.

Il y a peu, Toulouse, le rouquin un peu dingue, au strabisme topaze, a disparu. Hilde dit :

« Mon mari est certain qu'il s'est fait écraser. Moi, je pense que, gras comme il était, il a terminé ses jours dans la casserole d'un Yougoslave. Ces gens-là, dit-elle avec son accent suisse allemand, ils mangent les chats, quelle horreur ! »

Dans mon enfance, on disait que les Italiens passaient les chats à la casserole. Autre temps, mêmes mœurs, avec des acteurs toutefois légèrement plus exotiques. Bientôt, on parlera des Chinois...

Balthazar, tout ouïe, pointe maintenant sa truffe mandarine bordée de noir. Dans le quartier, il pisse un peu partout avec majesté pour marquer le nouveau territoire qu'il s'est assigné de droit divin. Nul ne sait d'où il vient, seulement pour la journée. Je fais ma douce voix pour matou et il s'approche de mes jambes pour s'y frotter. Je me baisse pour caresser cette fourrure époustouflante, aérée, ces poils solides, râpeux, comme enduits d'un suint inodore pour les préserver des intempéries. Lisette arrive, précédée de Fanny, son caniche noir qu'elle tient en laisse. Balthazar se vautre sans pudeur à mes pieds et m'offre son ventre laineux tout de bouclettes charmantes miel et blanches. Je ne le laisse pas attendre et ma main s'égare avec volupté dans toute cette douceur. Fanny, intéressée, ne bronche pas.

– Vous n'avez pas par hasard vu le chat du vétérinaire ? Voilà une semaine qu'il a disparu de la rue du Midi. Un beau noiraud, poil ras, demande Lisette.
– Il court la gueuse, il va revenir. Il faut un peu de temps, que je réponds.
– Non, il était coupé et tout. Il se sera fait écraser. Peut-être a-t-il passé a la casserole comme Toulouse ?
– C'est possible, répond Lisette un peu émue mais sans perdre son charmant sourire. Il était bien grassouillet. Et puis, c'est la période de Pâques...
Elle s'en va, suivie de Fanny.

Je caresse la toison fournie de Balthazar et je me refuse absolument à envisager qu'un être humain digne de ce nom la lui ôte, pour ensuite découper le chat aux jointures comme lapin pour civet et le consommer sans broncher. Les prunelles mi-closes, l'air endormi, Balthazar se redresse, l'encolure puissante, ses fortes pattes antérieures écartées, l'arrière-train en attente suivi d'une queue ébouriffante, épatante et nerveuse balayant le sol. Sur la façade rose d'en face, où se dessine l'ombre printanière du marronnier, il vient d'apercevoir les ombres de deux corbeaux qui bâtissent leur nid. Ils coupent des branchettes qu'ils ont amassées. La mâchoire tressaillante, les babines tendues découvrant de dangereuses canines très blanches, le chat se dresse. Je tape dans mes mains et les corbeaux s'envolent. Malgré ses reins puissants, Balthazar n'aurait pas pu attraper l'un des deux rôtis qui volaient trop haut. A peine étonné, un peu négligent même, il se recouche. Avec un petit morceau de bois laissé par les corbeaux sur les pavés, je joue à la souris avec le chat. Il sort d'étuis parfaits des griffes recourbées et acérées, suit le mouvement, le devance, la prunelle verte aux aguets, le cœur en émoi, la fourrure palpitante. Soudain, lassé, les moustaches un instant au vent tiède, il franchit le portail d'un impeccable bond de deux mètres sans élan, après avoir grimpé sur l'un des deux piliers.

Un inconnu arrive, les cheveux raides et blonds, le teint couperosé. Il sourit largement en regardant le chat. En bon allemand, il débite une longue tirade dans laquelle il est question de belle vie de grande qualité. Il me demande si ce chat est un mâle ou une femelle. Je lui réponds en français que Balthazar est un matou, malgré son collier rose un peu efféminé.

« En allemand, me dit-il, de toute façon, on dit *une* chat. »

Hilare, il s'en va.

Je vais être affreusement en retard au bureau.

Rara Avis

Qu'est-ce ?
Un avion sans ailes ?
Un tournevis sans manche ?
Un tire-bouchon sans vis ?
Un personnage, un animal, un végétal ? Etes-vous, sans le savoir, un Rara Avis ?

Tout d'abord, l'optimisme viril de l'article masculin, suivi de deux mots sans trait d'union, dont le premier pourrait provenir d'un adjectif « rare », ou d'un substantif « rave », ce qui est nettement plus marrant, quoique le premier soit plus flatteur. Le second mot annonce à une population affamée de news, déjà du temps des crieurs publics, puis ultérieurement du canard du coin, quelque potin, quelque ragot, voire quelque drame intime fort prisé des midinettes, ainsi que les cours de la bourse fort fluctuante avant les crashs. L'avis peut également provenir d'une bouche dont les lèvres, minces ou charnues, se meuvent avec componction, se laissant le temps d'y tourner sept fois la langue avant d'émettre les paroles informant de la science infusée, telle la verveine ou la menthe, et du conseil y assorti de : soit comment il faut faire, soit comment il ne faut pas faire, de la manière adaptée de se comporter, plus souvent dans les passages peu négociables. Le conseil le moins employé est de dire comment il faut être, le conseilleur ne s'appelant plus jamais Shakespeare, intervenant unique dans le cours des époques successives.

Le Rara Avis peut se vêtir d'un gilet de velours noir, garni de motifs de passementerie de galons de soie turquoise ou orange, ou les deux teintes mêlées, ledit gilet passé avec une négligence étudiée sur une chemise à col ouvert d'un blanc laiteux, ou bleuté, de préférence de fine toile amidonnée pour lui donner du croustillant. Parfois, une chaîne d'or peut briller dans l'échancrure ouverte jusqu'au troisième bouton de nacre, pas plus, échancrure regorgeant de poils virils d'un noir de geai, ou d'un blond d'or, écrin érotique et douillet pour un pendentif païen, style dent d'ours ou de requin.

Le pantalon garance, retenu par une ceinture de cuir noir ornée d'une boucle d'argent ciselé, s'arrête au mollet, donnant au Rara Avis une allure folle, à mi-chemin entre le vaillant soldat des tranchées de 1914-1918 et le garde du corps d'un souverain des Mille Et Une Nuits. Le Rara Avis bénéficiant d'une santé de fer ne porte ni chaussettes, ni bas, ni chaussures, même pas des sandales. Ses plantes de pieds, aux orteils courts, aux ongles ras, peuvent parcourir des distances considérables dans n'importe quel terrain, s'agripper à des pierres, marcher dans la vase sans s'y enfoncer, tant le poids qu'elles portent peut se modifier selon les éléments et les circonstances, passant du lourd au mi-lourd, du léger à l'aérien. Ses pieds préhensiles peuvent sans problème ni dégât emprunter les escaliers roulants des grandes surfaces commerciales, possibilité éminemment utile lors des époques de forte consommation.

Le Rara Avis met facilement la main dans son gilet, tel Napoléon avant et après Sainte-Hélène, tant pour mieux réfléchir à une stratégie que pour se chauffer l'estomac, bien que cet organe digérerait des pierres. Il porte en couvre-chef un demi-œuf d'autruche incrusté de pierres semi-précieuses, car il n'aime pas faire preuve d'ostentation. La cornaline et l'onyx, l'hématite et le quartz rose, le tout parsemé de quelque strass font très bien son affaire. Sur le côté gauche de ce casque quelque peu imprévisible, il aime à épingler une cocarde en forme de cœur rouge avec, en son centre, une croix blanche. Cette coiffe est attachée sous le menton par une jugulaire double de cuir souple, volontiers turquoise, passant de part et d'autre des oreilles pour se nouer sous le menton par un nœud solide. La jugulaire se termine par des pompons de soie turquoise et orange, assortis aux entrelacs du gilet.

Le Rara Avis parcourt la vie, à la fois austère et fantaisiste, saluant volontiers d'un geste discret de la main, tenant la porte des ascenseurs à toutes sortes de citoyennes, ou les portes des magasins, lorsque ces dernières ne sont pas automatiques. Il offre volontiers de porter les fardeaux alimentaires entassés dans les cornets réglementaires de papier kraft griffés d'un M Majuscule Orange Géant sur les deux côtés les plus larges, donc les plus visibles lorsqu'ils pendent à bout de bras. Ces baudets, principalement de sexe féminin, quoique maintenant rattrapés dans la corvée par des gays moustachus comme des phoques et connaisseurs comme pas deux des produits et de leur rapport qualité-prix, rechignent à se munir d'un caddie, qui peut vous donner tout d'un coup vingt ans de plus, alors qu'au golf un caddie légèrement différent peut vous donner vingt ans de moins.

Le Rara Avis aide les enfants à traverses la rue et, dans les jardins publics, lorsque les petits jouent et tombent, se couronnant d'un seul coup des deux genoux, il accourt et sort d'une poche invisible une trousse de premiers secours blanche avec une croix rouge – couleurs inversées de la cocarde de son képi – et applique le merfen incolore, celui qui fait moins mal parce qu'il choque moins, puis le sparadrap bleu décoré de minuscules dauphins qui distraient les blessés de leurs bobos.

Nul ne sait où il vit. Il semble très frugal et on peut parfois l'observer dans un self-service avec devant lui, sur une table sans nappe ni set, un bol de soupe fumante et un ballon de pain complet. Il n'a un faible que pour les diplomates. Il les déguste avec ravissement, dépliant le récipient de papier plissé pour le lécher sans complexe, pour ne rien laisser perdre de la crème vanille au goût de kirsch ou de marasquin. Il ne boit que de l'eau, pour ne jamais être gris. Il sait que la plupart des êtres s'inventent la peur ou la tristesse. Il ne veut pas de cela.

Eurêka, j'ai trouvé !

Le Rara Avis est un oiseau rare.

Le cygne rose

Dans l'embrasure de lumière,
elle parut blonde et parée d'un pull
peau rosée nacrée presqu'argentée.
Les plumes de cygne rose
à l'échancrure délicate du cou incliné d'une douceur première
se balançaient infimement,
ainsi qu'aux poignets portant d'enfantines mains.
Les ongles vernis d'un rose aux reflets mauves.

A cause de ses trente-trois ans,
la lente jupe noire coulant
presque jusques aux chaussures
moule la taille nerveuse,
les hanches de guitare,
les cuisses en amandes doubles.
Se dessine leur jointure haut au milieu.
Là où l'homme réfugie sa tête fatiguée
quand il s'agenouille serrant les bras autour
et pressant les lèvres pour baiser là d'où sort la vie.

Qui n'est que ce qu'elle est.

C'est bien dommage.

Dans l'embrasure de lumière
elle parut toute blonde et parée d'un pull
peau rosée nacrée presqu' argentée.
Les plumes de cygne rose

à l'échancrure délicate du cou incliné d'une douceur première
se balançaient infimement,
ainsi qu'aux poignets portant d'enfantines mains.
Les ongles vernis d'un rose aux reflets mauves.

A cause de ses trente-trois ans, elle s'assit à une table de l'auberge avec à côté d'elle le neigeux paysage de cette si paisible campagne. Dans le silence intense, elle mangea bruyamment la croûte au fromage accompagnée d'un cornichon et de petits oignons au vinaigre en buvant un verre de vin doré, seule dans la vie.

Qui n'est que ce qu'elle est.

C'est bien dommage.

Genoveffa

La bête immonde avança. Armande se demandait si elle allait stopper en la voyant. Elle stoppa. Puis elle regarda Armande droit dans les yeux. La chatte Genoveffa ne bougea pas. Elle n'avait pourtant pas l'air de dormir.

Armande, se refusant à être tétanisée, détailla la bête. Il s'agissait d'un animal inclassable, à plusieurs pattes, de part et d'autre d'un corps plein, lent, caparaçonné de noir mat. Sur le devant de ce corps, comme en faisant partie intégrante, d'épaisses lèvres rouge sang s'ouvraient énormément, comme en un rire sardonique, laissant voir l'intérieur sans fin d'une bouche mauve et baveuse. Aucune dent dans ce trou inquiétant, ce qui le rendait encore plus inquiétant. Armande, scotchée à son oreiller, voyait cette bouche s'approcher de son visage. Elle aurait dû avoir peur mais, aussi étonnant que cela puisse lui sembler, la terreur était absente de la scène. La chatte Genoveffa dormait comme une bienheureuse. Armande aurait bien voulu la réveiller, mais elle préférait ne pas bouger du tout. Enfin prendre le temps de voir venir ce qui allait se passer…

La bête n'était ni par terre ni en l'air. Elle avançait droit devant elle sur ses nombreuses pattes articulées et des mouchets de poils hirsutes étaient piqués sur une peau adipeuse mollement dangereuse. Armande choisit de croiser le regard de la bête. Elle vit, accrochés de chaque côté de l'horrible tête, deux yeux globuleux. Elle s'attendait à une expression de férocité et se trouva face à un regard effroyablement humain qui s'approchait d'elle en la guettant de ces deux yeux indépendants et mobiles en tous sens. Il semblait à Armande qu'elle était face à cet animal dont elle ne se souvenait plus le nom, mais oui, cet animal qui, cheminant sur une couverture écossaise, devient identique au tissu.

La chatte Genoveffa ne bougeait pas d'un iota, certainement victime d'une piqûre venimeuse de la bête immonde, Genoveffa dont les oreilles tressaillaient lorsqu'une mouche se posait sur une vitre de la fenêtre, à l'autre bout de la chambre.

Sans peur ni courage, tout simplement, Armande, d'une main ferme, alors qu'en général et en principe toute échéance développait chez elle une totale angoisse paralysant toute action car, alors, elle détournait le visage et murmurait ce paradoxe total :
— Il est urgent d'attendre, il est urgent d'attendre…

Armande donc, d'une main qui ne tremblait pas, se saisit de la bête pour lui régler son compte, vite fait, bien fait, sans état d'âme, avec une détermination dont elle ne se serait pas crue capable.

Elle ouvrit les yeux. Sa main était vide.

Sur le duvet, la place de la chatte Genoveffa était encore chaude.

Présage

Un premier juillet, ils emménagèrent au milieu du village. Le long de la ruelle en pente, à droite en descendant, c'est la première maison. A gauche, un mur de vieilles pierres envahi de lierre borde un très vieux jardin aux grands arbres pleins d'oiseaux. Elle aime les oiseaux et lui les jardins. Avec leur maison, il n'y a pas de jardin.

Ils s'installèrent et, la saison étant propice, prirent leurs repas sur le balcon qui donne sur les oiseaux et le jardin, installés les deux face à face à une petite table ronde. Le paradis, se disaient-ils, ou plutôt le pensait-elle, puisqu'il n'est pas bavard. Il y avait bien quelques odeurs désagréables émanant de la cheminée de la maison d'en face. L'antique voisine, renommée pour héberger les oiseaux mal en point ou mourants grillait les dépouilles des trépassés emplumés. Ils s'envolaient pour toujours en une forte fumée.

Le treize juillet, elle était occupée à mettre la table sur le balcon. Lui vaquait à l'intérieur. Un corbeau se percha sur la barrière du balcon. Elle connaissait le présage : un messager de mort.

Elle pensa que si elle établissait avec l'oiseau un rapport inoffensif, elle conjurerait le présage. Elle appela : « Petit, petit ». Il était énorme et noir. D'un court envol, il se percha sur son chignon. Elle vit juste un effrayant bec recourbé, noir avec des reflets bleus. Elle abrita ses yeux de son bras replié. Elle hurla : « Francis, Francis, viens ! »

Les griffes de l'oiseau s'enfonçaient dans la masse des cheveux. Francis arriva, chassa le corbeau. Elle s'assit à table, sans rien dire. Dans sa tête, les idées se bousculaient à cent à l'heure : le présage, la mort, le bec comme une arme, les griffes, l'appel au secours. Puis plus rien que l'épouvante dans le silence.

Le lendemain était un dimanche. Ils partirent pique-niquer à la campagne, comme chaque dimanche d'été. Elle avec ce poids du mauvais présage contre lequel elle ne pouvait rien, lui heureux de s'évader dans la nature. Ils rentrèrent en fin d'après-midi. A vingt-et-une heure, heure inhabituelle, le téléphone sonna. Elle le laissa répondre. Sa mère, après avoir vainement tenté de l'atteindre tout l'après-midi, lui apprit que son père était mort subitement.

Elle se tut. Elle pensait au présage.

Le corbeau ne revint jamais.

Le poulailler

Veillard est un homme simple, j'irai même jusqu'à dire simplet. Il bosse comme une bête sur les chantiers qui sont une réalité cruelle de toute époque. Ces gars qui travaillent sur les chantiers prennent la vie du bon côté, ce qui les empêche de se faire des trous dans la tête en plus des ampoules aux mains. Ils ont quelque chose de rassurant. Leur énergie, à la fin de la journée, est totalement employée. La pelle, la pioche, le compresseur et ses marteaux, parfois l'odeur sinistre du gaz de ville imprégnant le tout-venant des fouilles, le camion benne qui recule dans les odeurs d'échappement, voilà un ordinaire à la fois viril et réaliste !

Veillard boit son généreux coup de rouge à midi. Entre temps, il tire sur ses bières. Il sent alors sa force renaître. Au fond, il pratique la transfusion d'énergie. A midi et demie, sa soupe avalée avec un morceau de lard, du pain et un immense bout de fromage gras – oui, Veillard ne connaît pas les allégés – il pose un plateau en biais sur des plots empilés d'un côté et pas de plots de l'autre. Il s'allonge sur le plateau, pose sa tête sur son coude et sa casquette sur sa figure. Il ronfle ainsi jusqu'à une heure tapante, se lève comme un seul homme qu'il est et reprend l'ouvrage avec en plus le soleil qui tape plus dur. A trois heures, il boit sa bière, transfusion blonde distillant une légère et bienvenue euphorie. C'est la seule blonde qu'il peut s'offrir car qui voudrait de lui, Veillard le simplet, petit et maigre, avec ses salopettes, sa musette et ses gros godillots ? Veillard ne sait pas ce qu'est la solitude car il n'a jamais eu le loisir de se pencher sur ce gouffre dont certains font une montagne.

Après avoir soupé confortablement chez une voisine, veuve âgée qui l'a pris en pension davantage pour s'obliger à faire un repas que pour la compagnie, il rentre dans son studio. Il se débarbouille un peu, se tape un pruneau ou un kirsch, remonte son réveil matin et va se coucher avec les poules. Ses nuits sont sans rêve et remplies de ronflements. Veillard mène donc ses journées l'une après l'autre, sans souffrir de monotonie. Le samedi, il travaille sur le domaine de son frère paysan. Il aime beaucoup son frère. Il mange à la ferme les repas de sa belle-sœur qui sont très bons. Son frangin lui refile vingt francs de temps en temps. Le dimanche, il met une cravate. L'après-midi, il va au bistrot. Il rentre ainsi une solide caisse qui le récompense de sa semaine, et il en recommence une autre, sans état d'âme ni introspection. Le gouvernail tient solide ainsi depuis des années.

Dans sa vie, la grande affaire, c'est le cours de répétition. Il a fait son école de recrue dans les sapeurs. Il retrouve ainsi, durant trois semaines par an, des copains dont la plupart travaillent aussi sur les chantiers. Il peut boire des godets, seul ou en compagnie. C'est son Amérique à lui ! Il enfile l'uniforme gris vert, pose le bonnet de police sur son crâne qui commence à se dégarnir et s'en va à la gare, le grand sac en poil de vache brune sur le dos. C'est le bonheur : le voyage en train, l'arrivée au lieu de rassemblement, la découverte du cantonnement, les têtes connues, le boulot plus peinard qu'au civil et les verres à boire.

Un jour qu'il avait descendu pas mal de godets, Veillard s'est mis debout sur une tablette de fenêtre du cantonnement. Il a entonné l'unique cantique que chacun connaît par cœur « A toi la gloire ». Levant les bras au ciel dans son élan mystique, il a perdu l'équilibre et a chuté pour se retrouver indemne deux étages plus bas, sur le toit du poulailler. Il y a un Bon Dieu pour les ivrognes ! Les poules ont fait un vacarme d'enfer puis se sont tues. Les copains ont laissé Veillard poser sa cuite là où il était tombé et s'était endormi du sommeil du juste.

Histoire de bête ou bête d'histoire

Ils m'avaient baptisée Fripouille. Je n'aimais pas ce nom. Il n'avait rien à voir avec ma personnalité. Mais ceux qui m'avaient adoptée toute petite ne pouvaient savoir ni qui j'étais, ni qui je deviendrai.

Il a fallu que je les quitte pour aller à la découverte de mon destin de minette de village. Je pris le prétexte que je ne supportais pas le second chat de l'appartement et je partis sans laisser de lettre. Je n'eus pas besoin d'aller bien loin. De Mallieu, je montai à travers les vignes et découvris l'esplanade du Prieuré, tout encombrée de longs tuyaux orange. Quel univers fantastique ! Je pénétrai dans un tube. Je vis, par une minuscule ouverture, un univers tout rond à l'autre bout, si loin. Etait-ce le bout du monde ? Il faut dire que je n'étais même pas adolescente. Je n'avais aucune peur et j'étais curieuse de tout. J'écoutai le bruit de ma course glissade amplifié par ce tunnel. Quand j'eus fini dans un sens, je recommençai dans l'autre, et ainsi de suite dans tous ces macaronis géants. Je m'amusai comme une folle.

Ce premier jour de ma nouvelle vie, je rencontrai une dame grande et blonde, vêtue de bleu. Illico, je la trouvai sympa. De plus, elle était polie. Elle se présenta :

– Je m'appelle Jacqueline. J'habite juste à côté, la maison jaune avec une porte en bois brun. Quelle belle minette tu es. Que fais-tu là ? D'où viens-tu ?

Comme je portais un collier avec mon nom et mon numéro de téléphone, elle avisa ceux que je ne considérais plus comme mes maîtres. Ils arrivèrent les deux me chercher. Que pouvais-je faire ?

Le lendemain, je repris la route de la terrasse aux tuyaux orange et à la dame en bleu. Je me saoulai de courses, puis je grimpai sur le parapet. La vue sur le lac et les montagnes était stupéfiante. Je commençai à me plaire vraiment dans cet endroit. Il faut dire que l'errance, pour une minette de mon âge, n'est pas vraiment indiquée. Je retrouvai donc la dame blonde. Elle s'avérait persévérante. Elle téléphona à nouveau. Cette fois, quand arriva mon ex-maître, je le griffai cruellement à l'avant-bras. Il me lâcha et je m'enfuis. Rien ni personne ne peut retenir une chatte à la recherche d'une nouvelle existence. Comme tous les félins de mon espèce, je dispose de sept vies et je tiens à n'en gâcher aucune. Je me cachai dans les vignes. Le surlendemain, alors que midi sonnait à toute volée au clocher du Prieuré, je retrouvai mes jeux dans les tuyaux orange et, par la même occasion, la dame en bleu, mais cette fois dans un pantalon patte d'éph, comme si dire éléphant en entier leur écorchait la langue à ces bipèdes ! Elle rentrait du travail en sifflotant.

Je la suivis en miaulant, me tricotant dans ses jambes, m'agrippant à son filet à commissions, me faisant insistante et câline, sans perdre une croquette de ma dignité. Il y a des moments où il faut ce qu'il faut, par Rât-Minagrobis ! La dame, qui avait une voix si douce, ouvrit la porte de sa maison et je sus immédiatement que c'était là que je vivrai mes six prochaines vies. Un lieu confortable, sans excès de meubles ni luxe de mauvais aloi, de la rigueur, de la poésie, des fleurs dans des vases turquoise. Pas d'enfant pour me tirer la queue ou m'acculer au fond d'une armoire. Je montai un escalier, puis un deuxième, débouchai sur un grand balcon avec des capucines. Je vis, de l'autre côté de la ruelle, un jardin enchanteur, plein d'ombre et de lumière. La grande blonde me suivait, me parlait avec respect et gentillesse. Ce qui me plut le plus, c'est que jamais elle ne m'appela Fripouille, ce nom que je détestais. Elle disait « La Chatte ». Je sentais que jamais elle ne m'étoufferait d'un amour insensé, car cette femme me ressemblait. Elle aimait la liberté d'action. Elle était à la fois fantasque et raisonnable, responsable d'elle et de ceux auxquels elle s'attache. Elle me traiterait en chatte libre. Je n'eus pas à lui communiquer ma décision. Elle avait tout compris et elle déposa sur le carrelage de la cuisine une soucoupe pleine de lait.

Nous vécûmes quinze ans ensemble. J'adoptai le quartier et le quartier m'adopta. J'allais à l'église le dimanche, je descendais au caveau communal lors des réceptions. Les après-midi suffocants de canicule, je paressais à La Muette, dans le jardin plein de charme de la fille de Ramuz (Charles Ferdinand, le seul, le vrai) sous des lierres frais et poétiques. Le vendredi, je me tapais un filet de perche à l'œil au marché. Je passais mes fins de journées vautrée sur le parapet qui m'avait tant plu, à admirer la vue, l'œil mi clos, la queue en traîne (j'ai oublié de vous dire que je suis une angora écaille de tortue genre chat des forêts norvégiennes, mais sans pédigrée, car je suis absolument contre), me gavant de cet époustouflant paysage tout de douceur. Le matin, très tôt, je sortais par ma porte à chat dissimulée dans le soupirail et allais me poster sous l'avant-toit du bâtiment administratif, attendant quelque pigeonneau à peine éclos (ça rime !), encore tout nu et si tendre tombant du nid.

– Des rôtis à la bonne température, celle du corps, disait la grande blonde, que je ne considérerai jamais comme ma patronne mais comme mon égale.

Il y eut de fabuleuses nuits de pleine lune sur le lac, des aubes hivernales où rôdait le renard, de méchants chiens libres et de gentils chiens en laisse, une fouine soyeuse et fuyante. Il y eut Socrate et Platon, qui vinrent habiter en face. Jamais nous ne fûmes amis, mais je respectai leur philosophie.

Que je vous dise encore. La dame en bleu m'avait rebaptisée « Gribouille ». Elle disait qu'elle ne voulait pas me perturber avec des consonances trop différentes, et que je ne méritais absolument pas ce nom de « Fripouille » dont on m'avait affublée dans ma première vie. Et puis, la dame gribouillait sans cesse, dès qu'elle en avait terminé avec les travaux ménagers et le bureau. La nuit aussi. Et, entre deux paragraphes, elle me coupait, avec ses grands ciseaux noirs, du cœur rouge dans une gamelle blanche.

Elle me caressait, me parlait :
– Tu es si belle, avec ton regard humain. Je vois qu'une de tes prunelles d'or s'est tachée de brun. La vieillesse, les fleurs de cimetière… Tu vois, j'en ai maintenant sur les mains. Tu sais, Serge, notre voisin, dit que, dans ta fourrure de reine, avec ta traîne, tu es la star du préau…

Que je vous dise aussi, avant de disparaître : j'ai eu la vie que je voulais, dans le respect, l'amour et la liberté.

Les corbeaux

Les jardiniers avaient terminé leur travail vendredi en fin d'après-midi. Ils avaient même effectué une demi-heure supplémentaire ce qui n'est pas dans les habitudes des fonctionnaires. Mais la corporation des jardiniers possède quelque indépendance d'esprit et le goût de l'ouvrage qu'on termine. La pelouse luisait dans le soleil rasant d'octobre. Pas un poil ne dépassait. Le gazon, dans la tendre lumière, devenait un tapis parfait tendu bord à bord sans un pli sur la scène où se jouerait le spectacle d'un monde parfait : femmes obéissantes ne parlant qu'en murmurant à des hommes forts sans effort, parce que la force est l'état naturel du mâle. Et les enfants ? Si beaux, aux larges yeux dorés ou bleu clair, vêtus de robes aux plis amples, grenat, ambre, et ressortant dans le tissage des étoffes des fils garance, jade et lapis. Les enfants ont le droit de marcher dignement sur ce tapis spectaculaire dans lequel leurs petits pieds tendres, nus et frais, enfoncent légèrement comme dans la mousse des temps anciens. Les hommes et les femmes de ce peuple sans défaut et sans problème regardent avec amour grandir leur progéniture sans aucun souci, confiants en un avenir confortable, où la beauté participe énormément au bonheur.

Mais arrivèrent les corbeaux.

Un samedi matin, alors que tous faisaient la grasse matinée, que les enfants silencieux regardaient, dans les appartements spacieux, la grande lucarne de l'avenir, ils se posèrent en rangs serrés. Ils replièrent leurs ailes noires.

Ils se mirent à avancer de leur pas maladroit dans un ordre spectaculaire. Les becs noirs épais et forts tapaient sec dans le merveilleux tapis vert. Une fois la surface entamée, la terre brune et meuble apparaissait, gâtant le décor. Les becs fouaillaient, saccageaient, extirpaient d'énormes vers de terre qui se tortillaient de façon ignoble et des larves immobiles, grasses, blanches, écoeurantes.

Personne n'avait rien vu arriver, dans le confort amollissant des habitations calfeutrées. Personne donc n'intervenait. Personne même ne savait qu'il n'y aurait plus aucun papillon au printemps prochain. Y aurait-il même encore un printemps ?

A la onzième heure, comme d'habitude le samedi, les habitants sortirent se promener. Leur frayeur fut intense devant le spectacle des corbeaux noirs, du gazon sens dessus dessous. Ils envisagèrent que c'était le chaos dont parlaient parfois les anciens. Ils n'osèrent chasser les corbeaux. Car le peuple était devenu non violent, à force de lire des horoscopes débiles dans des journaux gratuits leur indiquant de quelle manière penser, de décortiquer dans des ouvrages imposants des textes de psychologues éminents aux théories émergentes à force de couper les cheveux en quatre. Décider de ne rien décider tel était le credo. Leur culpabilité devant un acte de survie leur posait un tel cas de conscience qu'ils tombaient en dépression. La pseudo force des mâles et de leurs muscles brillants d'huile parfumée, l'hypocrite beauté siliconée et botoxée des femmes fondaient comme beurre au soleil.

Les corbeaux continuèrent leurs ravages. Après les gazons, ils s'attaquèrent aux toitures d'asphalte, au mastic des fenêtres, aux vernis, à tout ce qui pour eux était comestible. Les bâtiments tombèrent en ruines. Le peuple s'adonnait à la fumette et aux médicaments pernicieux. Beaucoup se droguaient sans vergogne en s'injectant dans les veines des produits excitants ou calmants. La civilisation des hormones avait du plomb dans l'aile. Même les agents de la force publique refusaient de tirer ces sales oiseaux de mauvais augure. Leur commandant disait qu'il fallait les comprendre. Un animal est un animal et quel être bien né tire sur un animal ? Même pour une mission exceptionnellement salvatrice. Il en avait été de même pour les renards quelques années auparavant. Le peuple avait voté un important crédit pour la création d'un parc à leur usage unique.

C'est ainsi que disparut de la planète la troisième génération mécanisée.

Les deux thons

Comme je suis assise huit heures par jour en compagnie de mon ordinateur, ma journée terminée, je file au fitness sur les hauts de la ville.

Après avoir salué les copains et les copines, je passe ma tenue sportive et je vais me défouler aux engins. Je sculpte mon corps dont je commence à être fière. J'ai la taille plus fine, les fesses plus toniques, les cuisses mieux musclées. Je m'occupe de moi, ce qui est très tendance et me fait du bien. J'apprends à être mieux dans ma peau puisqu'elle me plaît davantage. Mon amie Dominique se trouve grosse. Elle prend un médicament qui la fait engraisser. Elle déteste de plus en plus son corps un peu enrobé. On parle les deux, quand on macère dans le sauna, qu'on balance de pleines pochées d'eau froide sur les pierres brûlantes, qu'on transpire comme des dingues et qu'on se sourit dans la vapeur qui envahit l'espace. On parle de l'amour qu'on n'éprouve pas pour soi-même. Comment peut-on aimer son prochain comme soi-même si on ne s'aime pas en premier ? Peut-être le message a-t-il été tronqué, raccourci, ébréché ?

L'autre soir, Domi était en retard. J'ai fait tout le programme habituel seule. Puis je me suis rendue aux douches, toutes occupées. De l'une est sortie un « thon », je ne t'explique pas comment, Dominique ! Dommage que tu n'aies pas été là, toi qui te trouves grosse ! Tu aurais dû voir ! Des nichons qui lui tombaient en abondance sur le ventre, comme une cascade à plusieurs paliers. Et quand je parle du ventre, il y en avait au moins quatre, qui lui descendaient jusqu'aux cuisses, avec un pubis déplacé aux genoux, avec des poils espacés d'au moins un centimètre, qu'on aurait dit des piquants de porc-épic, avec une chair toute blanche et gélatineuse entre eux. Et des tatouages sur les bras, une jungle avec des serpents, des dragons entrelacés, des veuves noires aux chevilles, l'horreur intégrale ! Et des fesses en plateau de commode, à angle droit, qu'on aurait pu poser un vase de fleurs dessus et qu'il n'aurait pas basculé.

De la deuxième douche est sorti un deuxième « thon », presque le même que le premier, que je n'en croyais pas mes yeux. Et le tout dans une odeur indescriptible, et sur les claies en bois, que je t'essuie sans discrétion l'entrejambes, et la raie, que je te passe le linge éponge sous tous les plis successifs, avec un air auto satisfait, une gloriole de choquer. Les deux « thons » m'observaient les yeux mi-clos. Je n'ai pas bronché, elles auraient été trop contentes, ces deux femelles. Dommage, vraiment dommage, Domi, que tu ne sois pas venue ce soir-là.

Zorro

Il était une fois un chat tout noir, absolument noir, avec seulement trois poils blancs sur le poitrail. Sa patronne, pour autant qu'un chat ait une patronne, lui qui n'aime que la liberté et dont la seule laisse est une gamelle sur un sol carrelé, parce qu'il faut bien faire un petit effort pour avoir son rata quotidien, l'effort de rentrer at home, alors que l'aventure est partout dehors, sous les buissons, sur les murets, derrière les barrières du parc, dans la cour, et j'en passe. Donc, pour en revenir à nos moutons, comme disait la bergère, sa patronne à la forte voix de fumeuse invétérée et au cœur gros comme ça, avait donc baptisé à sa naissance le minou Zorro, à cause du loup, de la cape, bref de toute la panoplie noire de ce mec névrosé mais avec une morale élevée. Les trois poils blancs, ils étaient en plus, comme le pet de crème fouettée sur la boule de glace, comme la cerise sur le gâteau !

Un couple bien intentionné se présenta lorsque Zorro fut sevré et l'adopta. Un frérot rouquin comme tout partit dans la famille voisine, sur le même palier, porte d'à côté ce qui, pour la patronne à la forte voix de fumeuse, était l'idéal. Donner son chat sans le perdre de vue. Mais pour Zorro, un crépuscule d'octobre fut la date du grand départ et sa patronne le vit emprisonné dans un panier spécial très classe, en alu hyper léger, que les nouveaux maîtres avaient dû payer un max, et qu'il posèrent avec de multiples précautions sur le siège arrière d'une limousine battante neuve.

– Il ne fera sûrement pas pipi, dit l'adoptante en donnant des poses d'éventail à ses mains tournoyantes aux ongles french manucure.

La fumeuse invétérée au cœur gros comme ça se consola en se disant que Zorro, entretemps devenu Zozo, ce qui est, oh combien ! moins lourd à porter, s'en allait vers une nouvelle vie plus confortable dans une villa avec pelouse et vue sur le lac, tout le toutim, lui qui avait vécu sa tendre enfance dans un deux pièces et demie au premier étage d'un locatif un peu essoufflé, avec vue sur le talus du chemin de fer. Et vous oubliez le boucan des roues tranchantes sur le rail luisant. Une guillotine, comme voisinage, aurait eu l'avantage de ne faire « tac » qu'une fois de temps en temps, par ces temps qui courent plus vite que le vent et, par conséquent, permis de vivre plus calmement que le passage de ces convois ferraillant sans fin. La fumeuse invétérée à la grosse voix se disait en grommelant qu'il avait eu, ce petit Zozo, tout l'amour du monde quant il était petit et que c'était le meilleur bagage qu'il pouvait emporter pour la vie luxueuse qui l'attendait.

Jamais nouvelles ne furent demandées ni données de part ni d'autre.

Huit mois plus tard, par un clair matin de juin, alors que les jours grandissaient autant que peut rétrécir la pupille du chat, la fumeuse invétérée qui partait au travail n'en crut pas ses yeux. Qui était sur le paillasson devant la porte du locatif, assis sagement comme une image ? Zorro. Il resta coi. Elle le reconnut à ses trois poils blancs sur le poitrail, car qui d'autre que lui était marqué ainsi ? Elle, à la forte voix, demeura muette. Son cerveau carburait :

– C'est bien Zorro ! Que fait-il là ? Il n'est pas revenu tout seul. C'est la période des vacances. Ces malpropres, ils l'ont largué dans le quartier où il a vécu enfant. Je sais, par d'autres dames à chat, que cela se fait. Ils ont du fric, mais tintin pour payer la chatterie. Ces rupins sont d'un radin ! Je vais m'occuper de Zorro. Mais je ne le prendrai pas dans mon appart, des fois que ces fumistes viendraient le rechercher après les vacances. Je ne suis pas une rapteuse de chat. Elle remonta à l'étage, prit une gamelle dans le fond du placard de la cuisine, y versa une ration confortable de croquettes. Arrivée dans le hall, elle ouvrit la porte et, le chat sur les talons, s'en fut la poser dans un garage inoccupé du quartier que les propriétaires, des personnes à chat, laissaient toujours ouvert pour leurs amis du voisinage.

L'été passa. Zorro était toujours là. L'automne, ses ors et ses roux, virent arriver une rouquine et une bleue russe. Le soir, les propriétaires du garage appelaient :
– Zorro, Rouquinette, La Tsarine !

Et les chats rentraient dans le garage où ils les enfermaient pour la nuit, avec nourriture abondante, couvertures de toutes couleurs et de toutes épaisseurs.

Un soir, Zorro manqua à l'appel. La nuit était tombée. Tout le quartier partit à sa recherche. De pitoyables miaulements aiguillaient les sauveteurs, mais comment trouver, dans le noir, un chat tout noir avec seulement trois poils blancs sur le poitrail ? Les ambulanciers, qui occupaient un garage voisin, sortirent l'ambulance et branchèrent les phares et un projecteur en direction des miaulements. Ils montèrent sur le remblai de la voie du chemin de fer et découvrirent, d'un côté du rail, dans l'odeur triste du ballast, Zorro aux beaux yeux d'or pleurant de souffrance. De l'autre côté du rail, les deux pattes arrière tranchées. Il n'y avait pas une goutte de sang.

Manger des filets de perches

En cet étincelant dimanche de novembre, nous visitons le concours floral des apprentis fleuristes de troisième année de toute la Suisse romande. Cinquante-et-un concurrents sont sur les rangs. Nous déambulons entre les tables de travail où de jeunes personnes plus ou moins stressées terminent « le bouquet avec vase » sur le thème « Hommage à l'artiste peintre choisi ». Ces jeunes ont du goût. Monnet et Klimt inspirent bien des œuvres végétales poétiques. Il est rappelé, sur la petite brochure distribuée à l'entrée, avec photographies des apprentis :

« Architectes, sculpteurs, peintres, nous devons tous retourner à l'artisanat ! Car il n'y a pas d'art de métier. Il n'y a pas de différence ontologique entre l'artiste et l'artisan. L'artiste est un artisan superlatif. »
Citation de Walter Gropius, architecte, fondateur du Bauhaus en 1919 à Weimar.

L'une des fleuristes a confectionné un bouquet rond, assez classique, dans lequel des roses couleur chair et de la verdure sont entrelacées de perles et de fils d'or. Pardessus, une voilette d'asparagus en fait une merveille de délicatesse, de sensibilité, de mystère aussi. Les tiges de l'œuvre trempent dans un haut vase transparent, dans l'eau duquel nage un minuscule poisson rouge très à l'aise. Deux dames mûrissantes, mais pas fanées du tout, se penchent sur le vase et montrent de leurs deux index accusateurs le petit poisson si « vigousse » :

« Mon Dieu ! Ce pauvre chéri ! C'est affreux de l'avoir mis en prison. Et l'eau n'est pas renouvelée. Il va mourir ! »

Et là, parmi tant de beautés végétales, soutenue par toute l'énergie de ces jeunes à créer des œuvres de beauté gratuite, la sauce tartare m'est montée au nez devant les deux index accusateurs, devant ces deux visages presque semblables, devant ces brushings blonds aux reflets roux – ce doit être lumineux, prêche le coiffeur, ce petit jeune si sympa qui les comprend si bien, bien mieux que les maris usés par le temps et les habitudes – ne percevant que ce qui va peut-être mourir, là où triomphe l'apprentissage de la vie. Hélas, trois fois hélas, ces dames n'ont pas encore appris que la vie est un don et non un dû !

– Vous ne dites pas ça quand vous mangez des filets de perches ! leur ai-je balancé d'un ton à peine venimeux.

Elles m'ont regardée d'un air éberlué et sont restées aussi muettes que le poisson rouge.

Elle vend des moules

Le chœur des Hébreux de Nabucco résonne dans la poche du manteau trois quarts en mouton retourné que porte Francis. Il ne l'enfile que par les grands froids et la température, depuis une semaine, ne remonte pas : moins dix. Au volant de son quatre quatre, à moitié assis sur la veste, il est engoncé pour fouiller et récupérer le téléphone dont il ne se souvient jamais où il l'a fourré. Il farfouille et cet air qui lui plaît tant commence à l'agacer. L'appareil enfin dans une main, le volant de l'autre, il répond ce qui fait cesser la musique :
– Francis Borel à l'appareil.
– Bonjour, Monsieur Borel. La Maison Tartinaire de Nantes.
– ?
– Oui, la Maison Tartinaire de Nantes. Nathalie à l'appareil.

La voix, à l'autre bout du sans-fil, est charmante. Même davantage que les voix séductrices des salons de massage. Elle paraît si proche.
– Oui, Monsieur Borel, Nathalie.

Francis a le sentiment que cette petite nana le connaît très bien depuis toujours.
– Je vous propose des moules fraîches comme vous n'en avez jamais mangées !
– Avec votre prénom, j'aurais plutôt pensé que vous m'inviteriez à boire un chocolat sur la Place Rouge à

Moscou, comme la Nathalie de Gilbert Bécaud. Dommage...
– Comment ? Je ne comprends pas. Je vends des moules, des moules superfraîches !

La jeunette à voix d'aéroport ne doit même pas connaître Bécaud. Elle n'a pas l'air très réveillée non plus. Elle poursuit sa litanie :
– Des moules superfraîches, comme vous n'en avez jamais mangées ! Elles sont ramassées chaque jour, emballées immédiatement. Elles arrivent à votre domicile, fraîches comme tout. Vous ne pouvez espérer mieux comme fraîcheur. Elles sont également biologiques, d'un élevage spécial dans une eau sélectionnée à la température idéale.

Francis voudrait pincer comme un homard cette petite crevette qui lui pompe l'air. Il préfère de loin la Nathalie de la Place Rouge et son chocolat, bien plus romantique. Mais les temps ont changé. Comme ils disent maintenant, il ne faut pas rester scotché à des schémas périmés. Ce qui revient au même qu'être traité poliment de vieux con.
– Vous êtes là, Monsieur Borel ?

La voix a toujours de l'abattage, mais une certaine inquiétude gagne comme si la proie allait lui échapper.
– Oui, oui. Mais vous savez, les moules et moi... J'ai été empoisonné deux fois. Alors... Et puis, l'intendance, ce n'est pas mon truc, je ne m'en occupe jamais. Voyez avec mon épouse.

Il referme le portable, le pose sur le siège à côté de lui et se met à siffloter.

Gribouille

Elle se promène entre trèfle et pâquerette, muscari odorant et pissenlit.
Elle s'allonge dans le gravier sous le banc peint en vert.
Et je glisse un brin d'herbe entre deux lames de bois.
Lui chatouiller le museau ?
Elle remue la queue.
De dédaigneuse indifférence en suprême agacement.
Pas encore la fuite.

Je ne la possède pas.
Elle est le plus indépendant des compagnons.
Une compagne direz-vous ?
Mais pour moi c'est LE CHAT.
Virile son indépendance, libre sa coquetterie,
Serait-elle un peu Don Juan sur les bords ?

Je me réveille la nuit.
J'ai rendez-vous avec mon chat qui arrive en ronronnant,
La fourrure toute fraîche sentant le vent.
Il s'assied à la cuisine, les deux pattes avant bien alignées,
Deux petites merveilles nerveuses et soyeuses.
Je gratte le front si dur et les attaches des moustaches vibrantes.
Je froisse les deux oreilles en même temps.
Avec mes grands ciseaux nickelés, je coupe du cœur
Et j'écoute le chat grogner si je veux en voler.

Je me réveille la nuit
Et il n'est pas là.
Je surveille la nuit par la fenêtre.
Puis je descends voir s'il n'a pas été déposé comme un paquet
Sur le seuil de la porte d'entrée.

Gribouille
Mon chat ? Ma chatte ? Tout se brouille.
Compagne de mes nuits en gamelles renouvelées.
Pattes de velours sur marches d'escaliers de pierre
Sur lesquelles traîne cette opulente queue en traîne de mariée.
Jamais maison ne sera prison puisque je t'aime.

L'important, est-ce la rose ?

Rosita, la chatte angora noire aux reflets prune, couchée sous la table de la terrasse, se lève et s'assied à la limite du gazon. Elle ne peut voir le vase turquoise débordant de roses abricot, car elle regarde, à cinq mètres environ, dans les prêles chevelues poussant sous les pieds de la vigne, quelque chose qui bouge. Elle s'aplatit sur le travertin, toute frétillante et, telle une fusée, franchit l'espace engazonné partagé par la ligne exacte du balcon supérieur, un tiers ombre, deux tiers soleil. Plus tard, l'ombre gagnera, l'air se lèvera, le soleil se couchera et le soir tombera. Tout cela, Rosita le sait, mais elle se conduit de la même façon, qu'il fasse jour ou qu'il fasse nuit. De sa queue, elle frôle le rosier rose bonbon et quelques pétales tombent sur la pelouse.

Rosita bondit dans la vigne, et les ceps sont la forêt vierge, et elle saute bien plus haut que son embonpoint pourrait le laisser supposer, pirouette, se tient sur les pattes arrière et lève les pattes avant, telle une chatte de cirque, le bonheur en plus. Qui dit qu'elle est domestique ? Un chat n'est le domestique de personne, encore moins une chatte. Chasseresse à la gamelle pleine sur le bar de la cuisine avec, à côté, une flûte de cristal et, dans la flûte, une seule rose blanche qui va si bien à sa carnation de noiraude aux reflets prune, qui fait d'elle une mystérieuse Espagnole séductrice, avec flamenco, castagnettes et tout le bataclan. Un peu ringarde, Rosita ? Qui traque le rouge-gorge, assassine le rouge-queue, oiseaux facilement casaniers, brise les lézards, apporte sur le carrelage, le parquet ou le tapis d'ignobles campagnols étêtés ou éventrés, provoquant l'intense dégoût de la dame à chat qui saisit le rongeur par la queue et le balance le plus loin possible dans la vigne. Ou à la poubelle.

Rosita revient, ni vaincue, ni victorieuse, très cool. Elle frôle cette fois le rosier rose dragée et des pétales Cuisse de Nymphe Emue tombent sur la pelouse. Ils se posent sans bruit, creux comme des coquillages ou renflés comme le désir.

Rosita s'allonge sur la table de la terrasse, à côté du vase turquoise débordant de roses abricot. D'un coup de patte précis, elle renverse le bouquet qui s'affale sur la nappe.

L'important, est-ce la rose ?

Mygale, tarentule ou veuve noire ?

Lucie se lève ce matin en pleine forme. Bon pied, malgré ses orteils en marteau qu'elle doit bander pour pouvoir marcher sans avoir trop mal, bon œil à l'approche de la huitantaine qui n'a plus rien à voir avec la prétentaine. Les huit petits-enfants de Lucie, sept garçons et une fille, l'ont informée que c'est à partir de huitante ans qu'on se décrépit et Lucie se le tient pour dit. Elle sort presque tous les soirs, allant au concert, au spectacle. Elle mange, seule ou en la compagnie de sa nombreuse famille, les filets de perches sur les quais au bord du lac, à la belle saison, ou le papet aux poireaux et la saucisse aux choux dans des pintes sympathiques dès que l'automne se pointe. Elle va régulièrement chez le coiffeur, fait mettre en pli sa chevelure blond Marilyn et adopte une coupe courte et moderne. Son regard vif ne manque ni de malice ni de chaleur. Elle passe son training et se dirige vers la salle de bain. Elle se regarde dans le miroir et son sang se glace : une énorme araignée velue avance sur le mur. Le sang-froid de Lucie ne fait qu'un tour. Elle saute en arrière.

– La bombe de Begon, le Begon, je l'ai acheté il y a deux jours ! Vite, vite. Si cette mygale descend et arrive sur le tapis chamarré du salon, je ne la verrai plus, je ne pourrai plus rien faire. Je devrai quitter mon appartement. Vite, vite.

Lucie court au placard du corridor. En deux enjambées elle y est. Elle tourne la clé, ouvre la porte, saisit le spray décoré d'insectes agrandis, comme vus au microscope. Mais qu'est-ce qu'une fourmi à côté d'une tarentule ?

L'imminence du danger a décuplé les facultés de Lucie, a fait monter l'adrénaline. Vite, vite, elle fait le court trajet inverse. L'ignoble mygale avance comme un tank en direction du miroir. Lucie dirige le jet du spray sur la bête immonde et velue. Elle pèse sans arrêt, elle inonde cette horreur de ce nuage létal, pour l'asphyxier, pour qu'elle crève. Lucie s'étonne de ne pas hurler. Ses hurlements, ce sont le jet de Begon, le rayon laser de sa peur, de son horreur. C'est un combat à la vie à la mort que Lucie dirige avec un calme impressionnant, fidèle à sa devise « Il faut vivre sa vie et pas la mourir ! ».

L'araignée a glissé le long du mur. Lucie a le temps, durant la chute, de se dire, elle qui ne manque pas d'humour :
– Elle a du plomb dans l'aile !

Elle ne la perd pas de vue. Il faudra voir, à l'arrivée sur le carrelage, ce qu'il en adviendra. L'animal avance encore une dizaine de centimètres puis stoppe pour ne plus bouger. Lucie attend au minimum cinq minutes, une éternité. Puis elle s'approche du cadavre. Oui, c'est bien maintenant d'un cadavre qu'il s'agit. Elle qui déteste ces horreurs velues, mygale, tarentule ou veuve noire, peu importe, elle est servie. Ne reste plus qu'à évacuer cet adversaire qu'elle a terrassé sans y croire vraiment, tant son imaginaire est nourri de piqûres mortelles. Avec la balayette, elle fait glisser la vaincue dans la pellette. Elle y jette un coup d'œil avant de la faire tomber dans un petit carton et s'étonne de lui trouver une certaine beauté diaprée et vénéneuse.

Elle referme le couvercle du carton et entoure le tout d'une ficelle solidement nouée.

Le lendemain, elle l'apporte au poste de police en racontant sa mésaventure et en informant le fonctionnaire que la mygale, la tarentule, la veuve noire, qu'en sait-elle au juste, s'est échappée par la grille de ventilation pour arriver dans sa salle de bain. Elle précisa que les voisins du dessus possèdent également un python de huit mètres de long. Le regard du policier, hébété, va de Lucie à l'araignée, qu'elle a déballée sans la sortir du carton. Ses yeux, vaseux comme une mangrove, n'expriment ni surprise, ni compassion. Il se borne à répéter :
— On ne peut rien faire, on ne peut rien faire.

Et Lucie, plus consternée maintenant que lors de l'aventure, de demander :
— Mais qu'est-ce qu'il faut faire si la prochaine fois c'est le python que je découvre chez moi ?
Et le policier :
— Et ben, le tuer.
— Je vous laisse la mygale, en souvenir, dit Lucie.

En sortant du poste de police, elle se répète qu'effectivement on ne peut compter que sur soi. Il est absolument indispensable de vivre sa vie plutôt que de la mourir.

La queue du chat

Cynthia, sans même y réfléchir, sort les ciseaux de sa boîte à ouvrage. Elle se regarde dans la glace, prend le miroir pour se voir de dos. Vraiment, ces cheveux blonds longs qui traînent, comme traîne le stratus sur cette journée d'automne, lui foutent le cafard. Serait-ce un effet inconnu de la lune qui sera pleine ce soir ? Il paraît que, si on les coupe à minuit sous la lune, ils poussent épais et brillants comme jamais.

Cynthia n'a pas le temps d'attendre cette nuit. Elle réunit sa chevelure dans la main gauche et, à l'aveugle, coupe ; ça chuinte, ça résiste, ça glisse. Elle est en train de faire un beau carnage ! Ne pas couper trop court quand même, pour pouvoir attacher le tout. Elle a horreur d'avoir les cheveux dans les yeux. Les mèches un peu blondes, un peu rousses, un peu châtaigne, tombent dans le lavabo si blanc. Cynthia n'a pas peur. Elle tente de contrôler son ouvrage, mais difficile d'avoir les yeux dans le dos ; ça chuinte, ça résiste, ça glisse, mais elle est arrivée au bout de ses peines. Elle se rend compte que la longueur n'est pas égale sur tout le pourtour en serrant le minuscule bout de queue de trois centimètres qui reste dans un chouchou. Elle ramasse les cheveux et les jette à la poubelle. Elle rouvre la poubelle pour les regarder encore une fois.

En sortant de la maison, Cynthia fait un crochet chez Arlette Coiffure. Elle raconte son exploit crânement.

– Mais tu es folle, tu sais bien que je suis là, à côté, tu aurais pu passer.

Une inconnue, assise à côté du téléphone et croquant une pomme avec décontraction, dans des odeurs corrosives de teinture et de laque, regarde Cynthia, sourit et dit :
– Et bien, voilà une femme qui ose !
– Pour ça, c'est vrai, dit Arlette, elle ose !

Rendez-vous est pris pour le jeudi suivant.

– Je peux rester ainsi une semaine, dit Cynthia.
– Oui, répond Arlette. Mais t'es quand même cinglée !

Pour se rendre en ville, Cynthia prend le sentier le long de la voie ferrée. Elle chemine paisiblement, sans penser à rien.
– Mriaou, mriaou…

Une miniature de chatte, sortie de nulle part, se frotte contre le treillis en suivant Cynthia.
– Bonjour, mignonne minette. Quels beaux yeux verts, quelles longues moustaches. Et quel nez orange.

Cynthia se baisse pour passer son index dans un trou du grillage et gratter le front si dur.
– Mriaou, mriaou…

On dirait que la chatte, qui ronronne, grince aussi.
– Quel chou de tigroton tu fais, tigrée rousse aux pattes blondes…

Et Cynthia, devant l'assemblage des couleurs, de se rappeler cette longue queue de cheveux, dans le lavabo, dans la poubelle...
– Viens, minette, on fait un bout de route ensemble.

Elle se relève et la chatte de courir, de se faufiler, d'apparaître sur le sentier.

Elle aussi n'a plus qu'un minuscule bout de queue de trois centimètres...

Bzzz

La mouche seule

– Bzzz...Enfin la paix ! Je fais la ligne chaque jour depuis des années, mais je vous dis pas ce que je vois dans les compartiments, encore moins dans les coursives... Les boules à zéro, les crêtes orange, les seringues, les boîtes de coke qui traînent, avec à peine une goutte à sniffer ou à « fiffer », les mouchoirs en papier, les cornets vides de chips, mais dangereux d'y pénétrer, le jeu n'en vaut pas la chandelle pour quelques grains de sel. Et une de ces fumées... avec mes allergies, c'est pas du pipeau ! Dans ce compartiment vide, je vais profiter de me poser, de respirer. Hélas, ça va pas durer. Ces cons d'humains, y deviennent si nombreux... Bientôt, je pourrai à peine poser une patte sur une vitre. Je me vois pas voler sans arrêt, bzzz, bzzz... pas bon pour mon petit cœur.

Entrée de Georges

– Bzzz...Ben voilà, c'est bien ce que je disais, déjà un qui se pointe. Je vous passe le look, il lui manque juste les ailerons orange pour pas se noyer. L'air hagard. Il pue la caserne, la graisse de ses pompes ... absolument pas comestible. Va falloir que je trouve autre chose pour subsister; ça va être moche moche pour une mouche, bzzz, de voyager avec ce mec. Je vais éviter son portable, ce genre de truc me fout des boutons. Bzzz, juste au coin de sa bouche, comme les mouches africaines pour titiller leur monde. Berk, dégueulasse, cette salive séchée. Bzzz Bzzz.

Je vais me planquer sur le bord du porte-bagages en attendant la suite. Bzzz Bzzz Bzzz

Entrée de Virginie

– Bzzz...Zieutez la meuf ! Gueule d'anar, look ethno, pompes funèbres. Mmm, elle a marché dans des excréments canins, je vais me régaler. Bzzz bzzz miam miam slurp slurp en mesure avec le walkman. Elle met la gomme la meuf le respect connaît pas. Elle a posé les godasses sur le siège d'en face. Super, je me goinfre un max, je commençais vraiment à avoir la dent.

Entrée d'Antoinette

– Bzzz...Ô chérie ! Le même look ethno que la précédente, mais celle-là, c'est une pomme, une Verte. De celles qui deviennent vite blettes, qui plaisent pas vraiment. Pas de charme, pas de sourire ; ça mange des céréales bio réchauffées au micro-ondes ! Et ça veut changer le monde, bzzz, bzzz, rien à butiner ! Tire-toi, ma grande. Bzzz Bzzz. Foi de mouche, l'avenir s'annonce pas des meilleurs. Ceux qui veulent la Révolution, je m'en méfie, ça finira comme en 17 ! Foi de mouche...

Entrée de Paul et de Justine

– Bzzz...oulala, comme disait ma copine tsé-tsé de Côte d'Ivoire ! Fais gaffe, la mouche ! Propres comme des sous neufs qu'ils sont, les p'tits nouveaux, rien à bouffer. Tant pis, tire-toi, bzzz, bzzz.

Entrée d'Irène

– Bzzz...Mais je rêve ?... mon parfum préféré ! Ah Guerlain, Les Jardins de Bagatelle, bien mieux que la tarte aux cerises ! Et la nana, tout en noir, j'adore ! Fais gaffe, la mouche, te laisse pas séduire, pour toi c'est mortel. Ces BCBG n'épargnent personne, leurs mecs en savent quelque chose. Elles te pulvérisent d'une pichenette, t'aiguillonnent d'un talon méprisant, te transpercent d'un sixtus vengeur, t'accrochent à leur revers satiné. Elles te posent leurs valises griffées dessus sans aucun égard, tant pis si t'étouffes. Elles te zigouillent d'un revers de leur main aux ongles rouges. Mais bzzz je peux pas résister, j'en peux plus, juste me poser derrière son oreille pour me gaver de muguet, de rose et de jasmin. Bzzz bzzz Ah ! je meurs, je suis morte.

Arrivée du gâteau d'anniversaire

– Oh ! un gâteau, je ressuscite, bzzz bzzz miam miam.

La moustiquaire

Elle est là, devant la fenêtre, à laquelle a été posée, pour le soixante-quatrième été de sa vie, une moustiquaire. Il fait très chaud. Elle a ouvert la croisée, afin de tenter de bénéficier du courant d'air établi avec la chambre située au nord, ombragée par le wellingtonia si sombre. Puis elle s'assied. Elle n'est même plus distraite par les moustiques qu'il faut chasser. A travers la moustiquaire, elle regarde le jardin, toujours semblable depuis son enfance, sauf que la vue sur le paysage est devenue moindre, parce que la végétation a grandi et forci. De sa chambre, située dans les combles de la maison de famille, sa vue plonge sur le cerisier. Elle se souvient de son père qui lui accrochait aux oreilles des pendants faits chacun de deux cerises :

– Des cœurs de pigeon, disait-il et un fil d'or brillait à son sourire.

Elle ne retrouve plus le son de la voix de son père. Elle voudrait l'entendre. Elle tente de tirer de sa mémoire ces sons doux et fermes de l'amour paternel, mais elle n'y parvient pas. Alors, elle ferme les yeux et elle retrouve intacts les traits si souvent regardés sans penser alors qu'un jour ils ne s'animeraient que dans son souvenir. Elle est une visuelle et une olfactive. Elle sent les odeurs mélangées de ciment, de poussière et de sueur se dégageant de la chemise à carreaux aux manches enroulées sur les avant-bras.

Elle revient au paysage, mais le bouleau, au second plan, masque le lac. Seules les montagnes émergent, encore mauves du matin. Ce soir, elles se teinteront de rose et de mélancolie. Il lui semble que la moustiquaire qui voile la vue en fait de même avec le passé. Elle se lève et tout vacille. Le jardin est parcouru d'ondes de chaleur. Illusion d'optique ? Léger malaise ?

— Je me suis de nouveau levée trop brusquement, dit-elle à haute voix.

Elle va chercher un verre d'eau à la salle de bain et revient s'asseoir sur la chaise. Elle pose le verre qui s'embue sur le guéridon et appuie sa main sur la fraîcheur lisse du plateau de bois poli. Elle sait que sa main est en tous points semblable à celle de son père : large, parcourue de serpents de veines bleues, les doigts longs, les ongles souples avec l'alliance d'or à l'annulaire gauche, agrandi deux fois au fur et à mesure de l'avancement des ans qui fait que les doigts s'épaississent parce que les os se durcissent. Oui, la même main, en modèle un peu réduit parce que féminin. Le destin n'est pas de porter sa féminité avec virilité. Là, derrière la moustiquaire, elle se voudrait soudain courtisane mystérieuse, vénéneuse. Elle se voudrait tenant en son pouvoir l'homme qui ne l'aimerait rien que pour elle-même, ce qu'elle n'a connu dans sa vie qu'avec son père. Elle but une gorgée d'eau et la fraîcheur lui fit du bien. Puis elle se leva fermement et dit d'une voix assurée :

— Mais que ferais-tu maintenant du poids d'un tel pouvoir qui entraverait ta liberté chérie ?

Elle descendit à la cuisine préparer la tarte aux abricots pour le dessert, parce que la moustiquaire n'a rien à voir avec les souvenirs et les moustiques encore moins.

Le « greffier » du bibliothécaire

Il était une fois un charmant bibliothécaire entre deux âges au visage avenant, un brin austère à cause de l'efficacité, vous accueillant avec un demi-sourire, parcourant à pas rapides les rayonnages puis, le sourire élargi, vous remettant l'objet de vos cogitations, de vos songes, de vos envies d'évasion en tout genre : LE LIVRE.

Ce charmant bipède, portant fines lunettes et arborant, en auréole, une chevelure argentée et ondulée, bourré de savoir, l'âme élégante, après une journée bien remplie, faite de rencontres, de « bonjour », d' « au revoir », de recherche de trésor à gros caractères pour dame d'un certain âge, de polar pour quinquagénaire, de roman fleuve fleur bleue pour jeune fille en noir des pieds à la tête, d'ouvrage pointu pour intellectuel, ou se prenant pour tel, n'ayant jamais connu la richesse de l'humus du non savoir. Ce charmant bipède, dit le conte, remet tout en ordre dans la chaleureuse bibliothèque municipale aux lampes orange, qui font croire que c'est Noël toute l'année. De l'intérieur, lorsqu'ils sont assis à feuilleter d'énormes encyclopédies insortables et intransportables, tant elles connaissent de matières diverses, les lecteurs parfois rêvassent, le regard vague sur le préau de l'école, où les adolescents font les crétins en balançant les filles dans la fontaine. Puis le bibliothécaire éteint les lumières, ferme la porte à double tour et s'en retourne chez lui le soir venu.

Il marche, d'abord dans les rues de la petite ville. Il monte du palier central – car la topographie va du lac aux monts – jusqu'à mi-hauteur, en direction du nord. Il respire les odeurs de la nature qui gagnent sur les relents de la ville. Qu'il est bon de passer des effluves des voitures à la senteur de l'herbe et des feuilles des arbres. Les yeux fermés, il sait reconnaître l'aigre des peupliers, le douceâtre de l'érable, l'âpre des laurelles et des thuyas. Il sait aussi reconnaître le bruit du vent dans le bouleau ou dans le sapin, le murmure de l'un et le gémissement de l'autre. Cela, il ne l'a pas appris dans les livres. Il est un autodidacte fervent de la nature qui, au fond, lui a tout appris, avant tout l'humilité. Il tourne à droite et emprunte un sentier, tout en réfléchissant aux nouveaux ouvrages qu'il va acquérir avec le budget qui lui est accordé par la commune chaque année, budget ni gras, ni maigre, qu'il ne peut d'aucune manière dépasser. Il lit les critiques littéraires de tout ce qui sort en librairie dans une abondance débridée. Il y a vraiment à boire et à manger et la sélection ne doit pas seulement être subjective. Dans la palette des ouvrages français, de toutes les traductions de livres japonais, pour lesquels il a un faible, mexicains, américains, guatémaltèques ou hindous, toutes les couleurs sont utilisées. Tout lire est impossible. Et puis, il doit penser à satisfaire sa clientèle. Il y a la dame un peu perdue du lundi, pire jour de déprime, et le bibliothécaire le sait, qui vient non pour les livres, mais pour dire deux mots à quelqu'un, il y a celle du mardi, qui ne lit que le quart de ce qu'elle emprunte, ceux qui viennent lire les quotidiens les jours de pluie, alors qu'ils en disposent à la maison. On ne peut pas chaque jour se faire de la solitude une amie.

Le bibliothécaire poursuit sa route et pousse le portail d'une modeste villa entourée d'un grand jardin. Une fenêtre est allumée. Il adore rentrer chez lui quand il sait que

Brigitte est déjà de retour, surtout lorsque les jours se font courts et les nuits longues. Il monte les quatre marches du perron, s'ébroue comme un chat sur le palier pour secouer la pluie de son imperméable, ouvre la porte et la referme à clé derrière lui avec un soupir de soulagement, un sourire de satisfaction.

– Bonsoir, ma chérie, dit-il joyeusement.
– Bonsoir, mon petit rat de bibliothèque adoré, lui répond cette voix aimante de laquelle il ne saurait se passer.

Une voix avec des sonorités de carillon flamand, des inflexions de perles de pluie glissant sur les feuilles des arbres, des reflets de lune d'argent, et cette voix se mélange au tintement de la vaisselle. Brigitte prépare le repas du soir.

Dans la douce cuisine si accueillante, ils échangent un léger baiser sur les lèvres. Puis le bibliothécaire fauche le journal du jour posé sur le coin de la table et s'en va s'asseoir sur le canapé du salon.

– Missouris, viens !

Un chat tout gris, sorti de nulle part, lui saute illico sur les genoux et le bibliothécaire pose le journal à côté de lui, sur le canapé. Il caresse le chat.

– Bonsoir, beau chat.

Et il caresse le dessus de la tête si dure sous le poil soyeux. Et les yeux du chat, si langoureux, si dorés, se closent de volupté. Missouris se laisse aller de tout son poids, confiant, alangui, dans un confort parfait.

– Tu sais, Missouris, j'ai parlé de toi à la dame du mardi, à la bibliothèque. Une dame à chat inconditionnelle, avec un visage triangulaire qui irradie quand elle parle chat. J'ai même cru qu'elle allait ronronner. Je lui ai raconté ce que tu fais la nuit quand, de ta patte habile, tu balances sur le parquet le crayon posé sur ma table de nuit, dans un bruit incroyable. Si, la nuit, tous les chats sont gris, tous les bruits s'amplifient, et le crayon roule comme s'il n'allait jamais cesser. Nous sommes convenus, avec la dame du mardi, que nous habitons chez nos chats qui ont aussi des états d'âme, parfois la nuit. Je lui ai raconté comment tu pratiques pour me tirer les cheveux, quand tu veux que je me lève. Je lui ai dit aussi que je ne me mettais jamais en colère. J'aime ta séduction et ton intelligence. J'ai ajouté, et j'espère que tu ne m'en voudras pas, que nous avions tout d'abord en l'intention de te baptiser « Farinelli »
– Ah ! a dit la dame du mardi, comme c'est joli. Il a la voix haute ?
– Non, lui ai-je répondu, c'est parce qu'il n'est plus un garçon. Nous avons finalement opté pour « Missouris » ai-je ajouté.
– Parce qu'il ne mange que la moitié des souris ?
– Non, parce qu'il est presque tout gris et qu'il n'est que la moitié d'un garçon.
– Tu sais, Missouris, la petite dame du mardi, malgré son âge, elle était d'un naïf ! A moins qu'elle ne soit distraite, elle lit tellement…
– A table les minous, à table mes minous chéris ! tinta la voix de Brigitte qui, franchissant le seuil de la salle à

manger, posa sur la table une casserole fumante qui dégageait un parfum subtil et revigorant de coq au vin.

Missouris en aura sa part dans sa gamelle. Il adore les oiseaux en sauce.

Putzi

Je suis bien éduquée, je me présente. Je m'appelle Putzi. Je suis la chatte de la fleuriste.

Noire, avec un collier brun, toute d'angora, les voisins disent que j'ai des yeux d'or. Ils me permettent de voir le monde avec affection. Rare, pour une chatte persane, direz-vous, plutôt connue pour la distance à l'égard du genre humain, parfois même un certain dédain, car souvent le pédigrée de ses nobles origines remonte au temps des vizirs, des patientes miniatures, des harems dans lesquels de splendides créatures prenaient plaisir à faire des confidences à des chats forcément castrés. Je n'aurais rien risqué, car je suis une chatte. J'ai également piétiné le parchemin témoin de mes origines, une fin d'après-midi pluvieuse, et l'empreinte de mes coussinets humides l'a transformé en une œuvre picturale imprévue, mélange d'informatique et de dessins japonais. Ma patronne l'a encadrée « pour faire connaître l'art chat à ses amis », dit-elle.

Pour en revenir à mes moutons ronron, je me trouvais comme souvent devant la porte du magasin, gardée de part et d'autre par deux splendides camélias roses, auxquels je tire quelquefois la langue qui est exactement dans le même ton, mais plus foncé. J'ai un faible pour les camaïeux et je suis narquoise aussi. Voilà qu'une dame arrive. J'ai tout de suite reconnu, à quelque chose de libre et de souple dans son allure, une dame à chat. Elle s'est approchée de moi et m'a parlé d'une voix douce, mais douce, sans mièvrerie. Là, alors, je fonds. Elle s'est adressée à moi comme je l'aime, surtout pas en bêtifiant, mais avec chaleur et respect. Je n'apprécie pas, mais alors pas du tout, les bipèdes mâles ou femelles (eux, ils disent garçons ou filles pour les quadrupèdes…) parlant chat, naninanère, patipata.

— Bonjour chat. Tes yeux d'or me disent que tu veux rentrer dans le magasin. Je n'ai rien à y faire, mais je t'ouvre. Je vais m'enivrer des senteurs de mimosa, de jonquilles, de jasmin. Quel plaisir ! Et toutes ces couleurs, un vrai bonheur.

Elle pousse la porte vitrée et me fait passer devant elle, avec un regard compréhensif et joyeux. Moi, j'ai fermé les yeux d'acquiescement. Un léger tintement retentit. Personne. La dame qui, comme toutes les dames à chat, et les chats du reste, quand elle a quelque chose dans la tête, ne l'a pas ailleurs, me suivit à travers le magasin. Je la précédai dans le local « cafeteria » où toute l'équipe mangeait ses tartines.

— Voilà, dit la dame, je n'ai rien à faire ici, mais j'y suis quand même.

En qualité de chat, je n'avais rien à ajouter.

— Mais, Madame, vous avez eu raison de faire entrer Putzi. C'est une minette qui n'est pas timide et qui sait se faire comprendre.

L'apprentie au sourire sympa, le chef d'équipe en pull, le livreur en blouse grise, le jardinier en bleu, la vendeuse au délicat teint d'anémone et l'énergique patronne d'acquiescer.

– Vous savez, dit la patronne, le soir, quand je ferme le magasin, Putzi part avec moi et je rentre à pied chez moi, pas loin d'ici, la chatte sur mes talons.
– Quelle belle histoire, répondit la dame à chat.

Moi, Putzi, je n'écris de petites histoires qu'en persan. Je suis certaine que la dame à chat va se faire plaisir en traduisant celle-ci en français, noir sur blanc.

Araignée du soir

Je m'appelle Violaine. J'ai douze ans. Je dors dans mon lit, dans ma chambre sous le toit de la maison paternelle, comme chaque nuit. C'est l'été.

Au milieu de la nuit, et sans raison aucune, je me réveille en sursaut, ce qui ne m'arrive jamais. J'allume la lampe de chevet. Je me sens comme dans les vaps. A cinquante centimètres de mon visage, quelle horreur ! une énorme araignée pend à son fil. Ses pattes bougent méchamment. Elle va me tomber dessus. Je hurle de terreur, clouée sur mon lit.

Mon père s'est précipité à mon chevet, inquiet. Et cette maudite araignée qui remonte bien tranquillement à son fil ! Je refuse de terminer la nuit dans mon lit. Alors mon père tue l'araignée pour me calmer. C'est insensé, cette peur qui me saisit devant cette petite bête de rien du tout, cette peur pas raisonnable, comme si la peur pouvait l'être.

Je suis incapable de rester dans une pièce où je sais qu'il se trouve une araignée. Incapable également de tuer moi-même l'araignée. Je suis absolument terrorisée. Je dois appeler quelqu'un à mon secours pour écraser en même temps l'animal et ma peur.

Je ne vous raconte pas quand, en classe, une copine a posé sur mon épaule une araignée de caoutchouc, ignoblement molle et noire ! Avec un lion, je ferais face ou je me casserais, selon l'ambiance. Je vois le lion comme un gentil gros chat, mais l'araignée...

Mon père et ma mère me trouvent ridicule. Ma sœur se moque gentiment quand je hurle. Elle rapplique et tue l'araignée. Je n'ai pas peur des souris, pas peur de la nuit. Je trouve normal d'avoir peur de quelque chose. Moi, c'est des araignées et je n'en éprouve aucune honte. La peur est un sentiment naturel. Il faut vivre avec. Une personne qui n'a peur de rien est une personne dangereuse pour elle et pour les autres, car elle n'a pas de limite. Avoir peur n'a rien à faire avec ne pas avoir de courage. Je suis à l'aise avec ma peur. Mais pas avec les araignées...

Hobby cutter

Un jour de blues intense, Aurore monta dans le bus. Machinalement, elle avait introduit sa carte Galaxy dans la fente de l'automate et pesé sur le bouton « court trajet ». Le ciel était partout, absolument partout, d'un bleu des mers du sud avec, juste dans un coin, un minuscule nuage floconneux qui rassura Aurore. A son zénith, le soleil incendiait le bitume, les zébrures jaunes des passages piétons, allumait les feux rouges, faisait cuire gens et bêtes sur les trottoirs, dans les vieux bistrots qui n'avaient pas de clim. Les crottes de chiens séchaient instantanément et, depuis les trois semaines qu'il n'avait pas plu, mais pas une goutte d'eau, les effluves ammoniaqués d'urines diverses vous prenaient à la gorge.

Aurore, ce matin, avait ébouriffé sa tignasse platine.

Elle se regarda passer devant une vitrine et remarqua que sa coiffure ressemblait au petit nuage floconneux là-haut.

Elle agita la tête et le nuage de ses cheveux bougea dans la vitrine. Elle se regarda sans sourire. Aurore ne s'aimait pas, n'aimait pas son reflet, détestait les miroirs.
« Pourquoi ce blues ? Je suis pourtant assez ravissante, malgré ce que dit Fabien. Et il m'engueule quand je pleure parce que je n'arrive plus à tenir en laisse ma tristesse. Mais je ne suis pas une chienne. Je ne peux pas me tenir en laisse. Je suis plutôt chat moi. Et dit-on à un chat d'être de bonne humeur, quand il a décidé de faire la gueule, de donner des coups de griffes sans avertir, d'expédier sur le carrelage d'un coup de patte le vase de Murano et sa rose du jour... » ruminait-elle.

– Chez toi, dit Fabien, la tristesse, c'est congénital.

Des affiches annonçaient partout les soldes.
– Ben voilà, comme dit Fabien, tu ne sais pas profiter des occasions, tu ne sais pas te faire plaisir !

Elle se poussa pour entrer dans le premier magasin de fringues, au bas de la rue St François. Elle erra entre les rayons, toucha les pulls, tâta les pantalons, trouva les couleurs fades ou criardes. Elle n'aimait que le noir. Elle laissa sa main traîner sur des colliers de faux brillants. Aurore aime ce qui brille mais elle ne porte jamais de bijoux.
– C'est ton côté sauvage. Tu devrais être plus classe, dit Fabien.

Elle pensa qu'il était ridicule de succomber à la tentation d'acheter encore un de ces colliers kitch, qui irait rejoindre les autres dans le plein tiroir du semainier.
– Un vrai foutoir, ton appart ! Toutes ces inutilités que tu peux garder, dit Fabien.

Elle sortit du magasin pour s'engouffrer dans le supermarché de l'autre côté de la rue. Elle zona dans le rayon des super soldes. Rien ne la tentait. Lorsque son regard fut attiré par une action de soldes à demi prix : des cutters ! Elle ne s'était jamais intéressée vraiment à ce genre de truc. Elle s'approcha, remarqua que, pour trois francs nonante, en soldes soldés à moitié prix, donc pour un franc nonante-cinq, elle pouvait acheter un set de cinq pièces. Elle était fascinée par ces lames fines, biaises : un tranche-feuilles, un stylo-lame pour écrire des histoires tranchantes et trois lames de largeurs différentes. Elle tenait dans la main l'emballage plastifié intitulé « Jeu de cutters ». Elle passa à la caisse et paya.

Elle s'assit sur un banc en zone piétonne et défit l'emballage transparent. Elle manipula la plus large des lames et le bruit cranté la séduisit. Elle faisait avancer et reculer la lame dans le manche de plastique jaune et le tranchant était aussi fin que celui d'une lame de rasoir. Elle n'en essaya pas le fil sur son index. Elle écouta encore le bruit cranté lorsqu'elle fit disparaître la lame. « Ce sont des armes, pas des outils ».

Et elle se demanda pourquoi elle les avait achetées. Elle constata que sa tristesse avait complètement disparu.

Elle décida de rentrer à pied, malgré la chaleur. Elle passerait par les petits chemins solitaires et elle longerait la rivière. Elle aimait ce trajet. C'était comme si elle habitait la campagne. Il y avait de l'herbe, des arbres et le bruit de l'eau. Elle rencontrait des chats : le chartreux sous le robinier faux acacia, après le troisième coude de la rivière, la petite chatte tricolore qui se frottait au treillis sur le sentier goudronné, le long de la voie ferrée et l'époustouflant persan fumée, aux yeux bleu pâle, qui se roulait à ses pieds, absolument séduit.

— Je me demande qui tu pourrais bien séduire, à part moi ? dit Fabien.

Elle se baissa pour caresser un matou rouquin qu'elle rencontrait pour la première fois, au sortir du petit bois. Les ocelles de sa fourrure étaient agencés avec un art consommé. Ses oreilles, pâles et transparentes, étaient attentives au murmure affectueux d'Aurore

Elle se baissa et remarqua qu'il avait les moustaches tranchées net. A un centimètre du museau, d'un seul côté.

La vipère cuivrée

On appelait le ruisseau Le Riolet. Je me demande maintenant s'il ne s'agit pas du Flonzel ?

Chaque premier printemps nous voyait revenir sur cette pente, dans ce vallon serré. Nous étions à la recherche de chatons de noisetiers, tout doux, tout gris souris ou éléphant, tout dodus dont nous faisions un bouquet pour la maison. Pour nous, les enfants, le printemps c'était les vacances de Pâques. Comme cette fête carillonnée change chaque année de date, allant de presque fin mars à fin avril, le climat était plus au moins doux et les chatons plus ou moins ouverts. Parfois, ils étaient même trop ouverts et du pollen jaune en quantité s'envolait de la fourrure grise. Nos vêtements changeaient aussi en fonction du climat. Nous avons cueilli des chatons en pantalon fuseau, manteau et bonnet de laine de couleur pétante dans le gris de l'hiver qui n'en finissait pas, ou en jupette écossaise, chaussettes de coton blanc et pantoufles de gymnastique bleu marine lorsque la chaleur était de la partie.

Je me souviens de la dernière fois que j'ai cueilli des chatons au bord du ruisseau. Le printemps était très en avance, ou Pâques très tard. J'avais des vêtements légers. J'étais adolescente et je venais de recevoir des nu-pieds dont j'avais attaché les larges lacets jusqu'au mollet. Très fière de ma tenue, je marchais sans crainte dans le sousbois lorsque je sentis, davantage que je n'entendis, un bruissement qui me stoppa net. Une vipère cuivrée que j'avais dérangée glissait à toute vitesse devant moi. Je reculai, me retournai et partis en courant. Malgré mes chaussures impropres à la course, j'ai dû battre un record, pour me retrouver dans le pré, le cœur battant. Je m'étonne encore de ne pas avoir hurlé de terreur. Je racontai mon aventure à mon frère. Il ne broncha pas. Plus jamais je ne retournerai aux chatons dans cet endroit où devaient habiter des centaines, voire des milliers de vipères toutes plus cuivrées les unes que les autres.

La sieste

Serge, à quatre heures du mat, se lève, passe en vitesse des vêtements confortables et s'installe à son ordinateur. Il est l'heure idéale pour écrire les textes ciblés et calibrés nécessaires à l'image de marque de ses clients. Serge n'étant pas un intello pur et dur, quatre heures du mat c'est son heure, celle de ceux qui bossent avec le subconscient et l'âme et pas seulement avec le raisonnement, ce qui pourrait donner des textes très pragmatiques et pas du tout subliminaux et Serge ne serait pas content de lui. Ayant phosphoré de quatre heures du mat à douze heures, il se met à table pour le repas que Rosy a préparé avec soin. Face à face, ils déjeunent dans leur claire salle à manger, un bouquet de saison délié dans un vase transparent sur la nappe à carreaux. Jamais de nappe à fleurs. Les fleurs dans le jardin, là est leur place et quelques-unes choisies dans le vase. La lumière du dehors est un personnage important du repas. Aux murs blancs, des tableaux colorés sans tapage. Sur le parquet, des tapis tissés dans des teintes assourdies et chaleureuses. Des meubles de bois blond.

Yellow gratte à la porte-fenêtre. Dans cette maison sur la colline, la chatière se trouve dans le soupirail, mais ne le dites pas ! Tous les chats du quartier sont déjà au courant. A midi, Yellow sait qu'on lui ouvrira, il n'est pas idiot, il connaît son monde. Il n'a pas déménagé pour rien depuis le quartier d'en bas. Comme son nom l'indique, il est un chat qu'on qualifie de « jaune », pas parce qu'il ferait la grève, de la faim, ou n'importe laquelle. Il n'est pas syndiqué. Il est bien plus malin. Et puis, il a d'autres moyens de pression à sa disposition : le regard langoureux, la queue en oriflamme ou en serpent nerveux, la patte délicate ou assassine, la moustache en bataille, la truffe frémissante, le poil ébouriffé, bref, le charme dans tous ses états. Alors, les cotisations, très peu pour lui. Pour en revenir à nos souris, comme dirait Yellow avec son air à deux airs, Serge ou Rosy, ou Rosy et Serge lui ouvrent et le chat apporte une grande bouffée de l'air du dehors. Sa fourrure sent la perce-neige ou la pervenche, le thym ou la lavande, même l'hortensia, le gel ou le soleil, voire le feu de cheminée de la villa voisine. Il traverse en diagonale et en coup de vent la pièce, fait un crochet rapide par la cuisine. Il semble pressé. Lui aussi, ça fait depuis quatre heures du mat qu'il bosse : les mulots étranglés, les musaraignes égorgées, la souris comme Serge aussi ! Le rouge-gorge pas méfiant, la mésange bleue, cette tête de linotte, le moineau parfois, lorsqu'il n'y a rien d'autre de plus raffiné à se mettre sous la dent ! Et les écureuils, roux de préférence, si goûteux, dont il ne laisse que la queue traîner à la buanderie, triste étendard de liberté. Cet appendice, qui fut si joyeux, arrache des larmes à Rosy ou à Serge lorsqu'ils doivent le jeter à la poubelle car, dans cette sage maison, le fait qu'on se plie aux lois de la nature n'empêche pas le chagrin dû au comportement du chat jaune. Pourtant, le manque, le minet ne connaît pas ! Grande variété de boîtes de ragoûts de lapin, veau, bœuf, gibier et croquettes craquantes joliment colorées. Notez, le chat serait gris, ça ne changerait rien du tout. Donc, en ce moment, Yellow emprunte à grande vitesse l'escalier de bois qui monte au premier étage dans un dérapage absolument contrôlé.

Serge a terminé le repas. Il aide Rosy à desservir. Puis il subit l'attaque de paupières annonçant l'heure de la sieste. Avant d'emprunter lui aussi l'escalier, il passe également par la cuisine. Il enfile avec sérieux les deux mitaines avec lesquelles Rosy sort les plats du four. Vous vous interrogez, une lueur inquiète dans l'œil ? Non, non, Serge ne pète jamais les plombs. Simplement, il s'en va ainsi déloger le chat du fauteuil Le Corbusier si intellectuel où il s'installe. Chaque jour, Yellow fait le même coup de lui faucher la meilleure place et se transforme en monstre griffu pour la défendre, le pourquoi des moufles. Vous riez ? Le chat ne trouve pas ça drôle, à quatre pattes et le dos rond sur le froid piano à queue, à côté des mitaines argentées.

Mi-août

Chatcher, Cherchat.

En ces infinies journées de mi-août, alors que l'ennui me gagne, comme chaque année à pareille époque, j'ai brusquement arraché une plume à Fifi, notre ara bec de cuir langue de marbre. Comme tu l'appréhendes, il a braillé de tout son psittacisme, à la façon d'un futur égorgé laissant échapper ce que tu voudrais bien qui soit son ultime hurlement avant qu'il ait le cou tranché par un malfrat. Pauvre Fifi, si vaniteux, si plein de lui-même, malgré sa surprenante intelligence ! Enfin, je ne vais pas m'allonger sur la description de cet hôte de notre domicile commun dont tu apprécies mieux que moi, Cherchat, Chatcher, les nombreux défauts et travers et les étranges qualités. Donc, j'ai arraché à l'aile gauche de Fifi, la plus solide parce que la plus musclée, celle qu'il utilise pour tourner sur lui-même comme une toupie, cet adorable cinglé égocentrique, une plume. La plume est plus jaune que je ne le pensais au premier abord, moi dont le côté bleu de Fifi m'enchante. Mon petit côté plume bleue que tu connais si bien et sur lequel tu restes mâchoires cousues, un impénétrable sourire sur ton museau de mousmé, toi si viril pourtant, Chatcher, Cherchat. Hors de la présence de Fifi, que j'entends gémir encore dans la cuisine, où il se réfugie lorsque son amour-propre est blessé, j'ai sorti le couteau suisse rationnellement multifonctionnel de la poche de mon pantalon et j'ai taillé en biseau la partie dénudée de la plume, la transformant en outil à écrire. Je me suis alors assise à mon secrétaire, tu sais, celui sur lequel tu te couches sur mes papiers la nuit, créant quelque désordre fantaisiste, laissant négligemment, tels des signaux indiens, une aiguille de pin, une quelconque brindille sans importance. L'empreinte aussi d'une patte souveraine, humide de pluie ou salie de terre. Il n'y a pour moi, Cherchat, Chatcher, que cette qualité de plume à utiliser pour le présent courrier si cher à mon cœur. Comme tu pourras le constater, j'ai trempé ladite plume de Fifi dans l'encrier Waterman cinquante millilitres « Bleu des Mers du Sud », la seule encre digne de notre correspondance et de tous les voyages que j'ai osés dans tes prunelles turquoise se tachant de brun mordoré au fil du temps, au fur et à mesure que ton regard devient nostalgique de l'inaccompli. Des voyages, encore et encore, en caressant ta noble fourrure calicot qui jamais ne tressaille au contact de mes doigts, pourtant nerveux, la plupart du temps désireux de te caresser comme je voudrais être caressée, la volupté n'étant pas un péché capital, n'est-ce pas ?

Te souviens-tu, Chatcher, Cherchat, combien tu aimais jadis que je gratte le sommet de ton crâne si dur, que je froisse tes oreilles toujours si froides et si dociles à cet exercice ? Tu ronronnais alors si bruyamment dans ta gratitude chaleureuse pour ces petites bricoles que je te faisais, comme si je t'avais apporté la lune d'argent sur un plateau de vermeil.

Mon doux Cherchat, mon doux Chatcher, je m'ennuie depuis que tu t'es cassé la patte arrière gauche et que le vétérinaire, craignant des ennuis rénaux ou cardiaques, a décrété que tu devais rester quelques jours à la clinique, à Epalinges. Depuis Pully, ce n'est pas la porte à côté. J'ai pris de tes nouvelles par téléphone et la demoiselle de réception, de sa voix d'aéroport, m'a complètement rassurée, que tout va bien, que je pourrai te récupérer samedi, que tu ne t'ennuies pas. Là, elle a perdu une occasion de se taire et m'a quand même un peu vexée, même si je pense, tout au fond de moi-même, que c'est toi qui vas me récupérer. Tu vois, je suis sentimentale, mais pas idiote...

Alors, entretemps, je t'écris, cher Chatcher, cher Cherchat, mon minou chéri, en passant la plume de Fifi sous mon menton, pour te dire combien je souhaite te voir à nouveau gambader dans le gazon. Je te mitonnerai des petits plats pour chat, avec cinq petits pois verts et un brin de persil, je couperai tout fin du jambon de première bourre dans ta gamelle neuve, car j'ai profité de ton absence pour renouveler le matériel. Si je l'avais fait devant toi, tu aurais râlé, conservateur, oui, oui ! Tu vois, même quand on aime, on n'a pas tous les courages par-devant. Tu me connais bien, j'ai parfois, avec l'esprit d'escalier, le courage par-derrière comme ces dames du temps passé portant pouf. Il est vrai que tu es le roi des râleurs et, avec le temps, tes réactions, déjà peu diplomatiques par le passé, inclinent perso un max. Au fond, quand j'y pense avec cet humour qui me vient ces derniers temps, je vis chez mon perroquet et chez mon chat. C'est ce que je dis à mes copines le mardi à l'heure du café. Mais Fifi n'est pas dans mon cœur comme toi, Cherchat, Chatcher, mon chatchéri cher à mon coeur de midinette.

Tu seras toujours le roi de mon cœur toi, mon superbe roudouroudoudou, mon fricounet de première, mon grand matou si beau, si macho, devenu si indifférent avec le passage du temps qui passe.

Akine

Narcisse et autres fleurs

Il était une fois un grand lapin à la fourrure angora brune, épaisse, douce. Il s'appelait Jeannot Narcisse. Sur sa belle tête, deux longues oreilles veloutées écoutaient les bruits de la nature. Il était avenant avec ses congénères, complice avec les lapereaux farceurs. Il courait les prés et le guilledou, son joli derrière en l'air, la queue courte et joyeuse découvrant une tache blanche en forme de lune pleine. Il se gavait d'ail des ours, piétinait le tussilage aussi nommé pas d'âne, respirait à pleins poumons le parfum secret du sceau de Salomon et s'enivrait des senteurs orientales de la violette. Il avait un faible pour le myosotis trop bleu qui lui rappelait une amie de jeunesse, une charmante albinos aux yeux de ne m'oubliez pas, et qui s'était empressée de l'oublier.

S'il évitait soigneusement l'ortie et ses piqûres fiévreuses, il croquait parfois un bâton de rhubarbe pour sentir ses muqueuses rétrécir d'amertume. Le seul défaut de ce délicieux Jeannot était son narcissisme extrême. Il stoppait à chaque flaque de pluie pour lisser ses moustaches, mirait son profil gauche encore plus parfait que le droit, s'asseyait, et se contemplait longuement, lui, le plus beau des lapins de sa connaissance. Les pâquerettes rigolaient doucement, les pervenches se trémoussaient, les anémones, si délicates, souriaient avec compréhension, indulgentes comme toujours, sachant que ce péché n'est pas capital mais peut entraîner, pour celui qui le commet, quelque pénitence. Pleines de sagesse, elles se disaient que Jeannot Narcisse était victime de ce stress inhérent au printemps éphémère, enfantin et chatoyant, avec ses tulipes au garde-à-vous, ses couronnes impériales, dites fritillaires, qui sont aussi peu frémissantes que la reine d'Angleterre, le daphné qui vous chavire le coeur, le cœur-de-Marie frémissant dont on ne peut que tomber amoureux fou, le forsythia fanfaron, la giroflée dite quarantain, l'hellébore et son grain de folie, ce stress printanier qui fait croire à tous les lapins, et pas seulement à Jeannot Narcisse, qu'ils sont séduisants à l'extrême. Agitez par là-dessus les cerisiers, les pêchers, les pommiers, les pruniers, les cognassiers en fleurs, les incroyables lilas blancs, les mauves aussi. Vous voyez le topo : l'ivresse totale !

Ajoutez un clair de lune, car il est connu que les lapins dansent au clair de lune. Ils font des cabrioles, tels des cabris, des entrechats, comme les chats, les pointes, comme les petits rats, dans une folle gaîté. C'est souvent lors de ces bals nocturnes qu'ils rencontrent la lapine de leur vie, celle aux yeux verts, aux longs cils épais relevés par un abondant mascara, regard langoureux, yeux à demi fermés, un brin de glycine ou quelque jonquille agrafée au décolleté, une oreille recourbée, l'autre bien droite et toute frémissante, les pattes avant gracieusement posées sur l'herbe cloutée de primevères. La lapine, celle à l'étonnante fourrure rousse dans laquelle elle se drape, telle une espionne venue du froid.

Notre Jeannot Narcisse, pourtant si préoccupé de sa propre beauté, s'affola un tantinet quand il sentit que c'était elle l'élue, forcément merveilleuse entre les merveilles, car comment lui, l'Apollon des prés, pourrait-il s'amouracher d'un laideron avec un bec de lièvre ? Pour épater la demoiselle, il cessa de se mirer dans le ruisseau qui lui renvoyait une image extrêmement valorisante, avec comme une auréole dorée tout autour de lui. Il grignota en vitesse quelques clochettes de muguet pour se parfumer romantiquement l'haleine. Il se savait irrésistible, mais pourquoi ne pas ajouter encore un petit plus. Il se présenta cérémonieusement puis exécuta devant la rousse, qui n'avait pas l'air d'avoir froid aux yeux, son numéro favori de break-dance. Et que je te roule boule, et que je te contorsionne, que je te tiens sur une antérieure seule et te fais le tour complet avec les postérieures avantageusement musclées. Et la demoiselle lapine, malgré son sang froid very british, d'être impressionnée.

– Je savais que les paons font la roue, dit-elle d'une mystérieuse voix rauque, mais j'ignorais que les lapins faisaient pareil.

Elle ne manquait pas d'humour.

En fin de soirée lunaire, plutôt au petit matin, quand la lune va se coucher dans ses draps argentés, et que le soleil se lève dans ses draperies rougeoyantes, Jeannot Narcisse se décida. En vitesse, il cueillit quelques brins d'amourette, qu'on appelle aussi pain d'oiseau, tout en guettant la belle du coin de l'œil. Ce n'était pas le moment qu'elle se tire à l'anglaise. Vite, vite, le délicat bouquet dans la patte gauche, debout sur ses postérieures athlétiques, il se planta devant la belle qui, au fond, s'attendait à quelque chose dans le genre, sans savoir vraiment quelle voie adopterait ce fabuleux brun. Elle n'était pas sans expérience et par conséquent sans savoir que les lapins mâles si séducteurs dégainent en général plus vite que leur ombre et, si l'on n'y prend garde, avant que la séduite n'ait eu le temps d'émettre un son (en langage lapin : couinement), l'affaire a déjà été dans le sac, pour autant que c'en soit une. Et le gaillard s'est enfui sans demander son reste.

Mais cette fois, les oreilles de la rousse bien troussée – appelons-la Happy – avaient pas mal tinté, avaient vibré telles des antennes : il y avait de la romance dans l'air, Cupidon s'en mêlait. Elle trouvait le superbe mâle tout de même assez imbu de lui-même.
– Voilà, dit-il, un bouquet tôt cueilli en hommage à votre beauté qui est éclatante, à votre charme qui m'enchante, à votre attitude à la fois si pleine de tentation et de retenue. Il parlait aussi bien qu'il était magnifique.

Et c'est là que tout dérapa.
– Je vous trouve digne de moi, car moi, Jeannot Narcisse, je suis le plus beau, le plus sculptural, c'est moi qui ai la plus belle fourrure, bref, vous n'avez qu'à vous incliner devant ma superbe. Vous ne pouvez refuser d'être séduite.

Dans la fanfare des chants d'oiseaux de l'aube, dans les couleurs éclatantes, sous le regard azur implacable du ciel, Happy fit claquer son pouce contre son index : Jeannot Narcisse fut séance tenante transformé en lapin en chocolat.

L'écureuil

Il était une fois un coquet Etablissement Médico Social (EMS) qui s'appelait « L'Orée de la Forêt ». Comme son nom l'indique, il était situé en bordure d'un bois du Jorat, adossé à de grands sapins bruissant les nuits de bise et projetant des ombres sur les prés les nuits de pleine lune.

L'EMS, pour le lecteur qui ignore de quoi il s'agit, est un bâtiment dans lequel vit une grande famille, dont une moitié est faite de jeunes femmes, vêtues de blanc, et l'autre moitié composée de personnes âgées. Il y a des bonheurs et des malheurs, des moments de philosophie et des sautes d'humeur, des bons repas, des rires et des larmes. Les résidents, que l'on appelait dans le temps les pensionnaires, bénéficient, à part tout le nécessaire, du bon air, de la fraîcheur des nuits d'été et de la beauté de carte postale de la neige en hiver. Dans la forêt, à l'automne, les faînes et les pives, fournissent un garde manger qui régale les écureuils roux et noirs, nombreux, affairés, agiles. Ils ne se montrent pas d'une sauvagerie extrême vis-à-vis des habitants de la grande bâtisse qu'ils ont vue avec curiosité être repeinte en vieux rose et s'habiller de volets blancs. Parmi les résidents, quelques dames et un seul monsieur ont apprivoisé les mignons rongeurs en leur distribuant quelque friandise, chaque jour à la même heure et au même endroit, c'est-à-dire après le petit-déjeuner et à l'angle de la terrasse. Car là réside le secret pour amadouer les acrobates à fourrure : l'habitude. L'heure et l'endroit, et un quignon de pain piqué au p'tit déj à l'usage des grignoteurs à l'œil si vif.

Certaine famille s'est même émue de l'abondante consommation de noix, noisettes et amandes d'une arrière grand'mère au malicieux regard et s'en est ouverte à l'infirmière en chef :
– Croyez-vous qu'à son âge ce soit bon pour sa santé de manger tant de fruits oléagineux ? Et son cholestérol ?

L'infirmière rassura la petite famille en émoi en éventant le secret des rendez-vous avec les écureuils. Tous furent d'accord de garder le silence.

Par une belle matinée à laisser toutes les fenêtres ouvertes, Valentine, à laquelle il manquait un an pour arriver à cent, par ailleurs accro de chocolat à la liqueur, eut la surprise de découvrir, au pied de sa table de nuit, la plaque qu'elle y avait soigneusement posée avant de descendre à l'animation. Et dans quel état ! La moitié en avait disparu, l'emballage était réduit en charpie et du papier d'alu déchiqueté était répandu partout sur le tapis. Valentine resta perplexe : bien sûr, il fait bon se donner du courage par ci par là, en dégustant une douceur, avec une larme de kirsch ou une larme de cognac à l'intérieur, qui vous réjouit le cœur. Mais quant à manger d'un coup une telle ration, et à laisser la chambre dans cet état… Elle remit tout en ordre, enferma le reste de la plaque dans son tiroir et ne souffla mot à personne de ce qui s'était passé.

Au repas de midi, tout le monde parlait d'un écureuil roux, rondelet, guilleret qui, dans la matinée, dansait sur le gazon, faisait des pirouettes incroyables et saluait même le public, comme s'il se donnait en spectacle dans un cirque. Et chacun d'y aller de son commentaire.

En bonne complice, Valentine resta muette. Personne n'apprit jamais que l'écureuil était rond comme un boulon.

A Zozo

Il n'y avait que quelques années que tu nous avais été présenté, à Francis et à moi. Tu étais déjà dans la force de l'âge.

Chat athlétique et sympathique, j'ai tout de suite eu la faiblesse de croire que nous avions été, lors de nos rencontres, à ton domicile toujours, sur la même longueur d'ondes. Cela pourrait me porter à penser, si je croyais à une quelconque théorie, que tu étais ce genre d'homme réincarné qui me plaît tant, tout de charme, d'indépendance et d'affection. Ah ! ces envols, comme si toi aussi tu avais des ailes, pour agrafer à ton poitrail avantageux quelque chauve-souris, dite pipistrelle n'ayant de chauve et de souris que le nom... Ces envols, au mépris des sept étages au-dessous de toi, de ces sept étages dont tu te foutais comme d'une guigne, et qui nous faisaient trembler de peur, nous tellement plus forts que toi.

J'appréciais aussi énormément, et comme cela me peine d'écrire à l'imparfait à un chat tel que toi, oui énormément, ton sens des responsabilités et de la propreté : jamais tu ne fis tes besoins ailleurs que dans ta caisse, pratiquant à l'égard de Suzanne ce que peu de bipèdes connaissent vraiment : le respect de l'autre. Et elle qui riait quand tu soulevais des nuages de poussière en brassant et rebrassant la litière pour bien faire de l'ordre.

Et quand Roland en disant, pâmé : « Zozo ! » de sa grosse voix, et le regard admiratif, te lançait le bouchon que tu rapportais encore et encore, pour qu'il te le lance à nouveau, et que tu freinais des quatre fers et tu le reprenais dans tes mâchoires – le bouchon, pas Roland – pour galoper à nouveau, battant tous les records enregistrés des cinq, six, sept, huit, neuf et dix mètres. Zorro, le roi du roulé-boulé, Zozo n'étant que le diminutif un peu niais et très affectueux de ce grand champion.

J'aimais ta fourrure sauvage, dense, douce et brillante de panthère noire, tes yeux de braise tendre, tes dents éclatantes de blancheur. Tu aurais pu sourire à la télé pour les boîtes « Duraton » ou les croquettes « Sourialadame ». Mais ta dignité et ta gourmandise préféraient les olives, noires elles aussi, et la viande rouge et fraîche. Que t'importait de devenir célèbre, toi tu préférais être aimé.

Tout petit, au refuge où ils sont allés te chercher, je suis sûre que le fait que tu avais mystérieusement perdu une grande longueur de ta queue, entre parenthèses ils n'ont jamais su comment, n'a pas été le moindre de tes charmes.

Cher Zozo, tu es parti le huit janvier deux mille cinq pour le Paradis des Chats. Tu avais seize ans. Ce n'était pas un âge vénérable – mais qu'en avais-tu à foutre de la vénération ? – toi pour qui seuls comptaient le respect, l'amour et la liberté.

C'était un bel âge pour mourir. Là-haut, peut-être auras-tu rencontré notre Gribouille, qui t'aura fait le coup de la séduction, cette allumeuse ?

Le dernier lapin

Le lapin noir et blanc court à travers champ. Il zigzague bizarrement, tombe sur le flanc, se relève, rampe. Il se heurte aux troncs des arbres fruitiers de ce paradis dominical ensoleillé de pisssenlits fleuris. Il pénètre dans le cabanon du jardin, se cogne plusieurs fois de part et d'autre de la porte entr'ouverte. Complètement stressé l'animal, certainement échappé de son clapier.

Les adultes réunis bavardent autour de la table sur la terrasse de la villa qui surplombe le champ et le jardin. Maude, Jeanne et Jacques courent à toute vitesse en slalomant entre les chaises.
– Les enfants, soyez sages ! dit leur maman d'une voix douce. Elle ne gronde jamais ses petits anges en public.

Le grand-père touille la salade. Il la goûte et fait la grimace :
– C'est comme toujours, jamais assez d'oignon dans la salade !

Il enfile sur ses chaussettes grises tricotées à la main d'anciens souliers de bal très pointus et boueux. Avec dignité et lenteur, il descend l'escalier qui mène au pré traversé tout à l'heure par le lapin. Il entre dans le cabanon.

Dans le plat, les pommes de terre virgule frites refroidissent. Elles commencent à se rider. Une main prudente pose un couvercle dessus.

– Celui-là, avec son oignon..., marmonne la grand'mère qui commence à déplacer les verres pour s'occuper.

Soudain, un grand vacarme dans le cabanon, des coups contre les parois, une poursuite dans l'espace exigu. La famille tourne la tête en direction du tapage. Les gamins arrêtent leur course.
– Salopard, tu m'as mordu, tu vas me le payer !

Nous descendons en vitesse par le «chemin des dames» qui traverse en biais le petit talus.

Le grand-père s'avance le long des plates-bandes. Il tient par les pattes arrière un très long lapin qu'il assomme du tranchant de la main sur la nuque. Il le cloue la tête en bas sur la porte lilas du cabanon et écorche l'animal avec des gestes précis de chirurgien. Il jette les viscères à l'orée de la forêt pour le renard. La bête dénudée fume. A un troisième clou pend la fourrure entièrement retournée, sanguinolente.
– C'est bien le dernier lapin que je tue, dit le grand-père.

Abricot

Il doit avoir douze ans mais il ne les paraît pas. Il squatte. Dans un port de la Riviera romande, au bord du bleu Léman, il dispose pour lui seul d'une propriété privée. Il ne s'est pas annoncé au propriétaire lorsqu'il s'est installé, d'abord sur un banc adossé à la façade sud, avec vue imprenable sur les levers et les couchers de soleil, dont les plus ardents font frémir ses moustaches qu'il a longues et blanches.

Lorsqu'un cabot ose s'arrêter au portail, Abricot se drape dans sa dignité et son manteau rayé d'orange et de blanc dont, pour la circonstance, il ébouriffe la fourrure, faisant voir à l'éventuel intrus qu'il défendra âprement son territoire. Haut sur pattes, le poitrail avantageux, Abricot tiendrait un peu du macho par son géniteur, ce que démentent ses prunelles topaze. Œil d'or, regard de velours, tous les lieux communs lui étant applicables, Abricot, une fois le danger écarté, sort de ses retranchements pour venir se prélasser sur vos genoux, vous qui vous délassez sur le banc public du quai. Vous entourez ses sept kilos d'amour d'une pashmina fuchsia, d'une écharpe vert épinard, d'un châle or et argent. Voilà le rouquin devenant persan, irlandais ou sikh, tout ronronnant du plaisir du voyage immobile, celui qu'il préfère, ce grand paresseux d'un mètre de long, dont la tête dodeline et les pattes pendent dans le désordre le plus absolu. Quel manque de tenue ! Par chance, il se lave sans cesse et ne dégage aucune odeur malvenue.

Des dames à chat lui ont bricolé, pour la saison froide, un abri de cartons et de couvertures crochetées. Elles le démontent dès que le beau temps revient. Il y passe des nuits sans surprise et bourrées de rêves exquis. Chaque jour, l'une des dames à chat lui porte une boîte pour midi. Une autre descend de la colline avant la nuit, dépose quelques croquettes « régime », câline Abricot, contrôle que tout soit bien en ordre et le met au lit.

Malgré quelques tentatives pleines de culpabilité de ses anciens maîtres, il n'a jamais voulu réintégrer le domicile de ces traîtres ! Pensez, ils ont déménagé sans le prévenir, changeant son cadre de vie ! Pour comble, figurez-vous qu'ils ont osé adopter un deuxième chat sans l'en avertir ! Abricot a renoncé à leur intenter action en dommages et intérêts. Il n'a pas consulté de psy non plus. Tout simplement, il s'est tiré, rayant d'un trait son passé de chat domestique et dépendant. Cela fait maintenant quatre ans qu'il a pris sa liberté, avec toutes les conséquences que cela implique. Il ne s'en plaint absolument pas. Les nuits à la belle étoile, et surtout celles de pleine lune, enchantent son existence.

Les souris du 15ème

Les souris en blouse blanche sourient en trottinant au long des interminables corridors du quinzième. Après avoir frappé à la porte, chacune pénètre dans une chambre :
– Alors, Monsieur Xanisopatos ? Bien dormi ?

Le malade grimace, se lisse la moustache en ronchonnant :
– Comme d'habitude, pas dormi du tout.

Fin malin, il referme douloureusement la paupière gauche alors que, de son œil droit, il lorgne cette jolie souris qu'il voit pour la première fois, espérant que ce ne sera pas la dernière comme ce fut souvent le cas depuis qu'il est là. A peine une gironde, et pfuit ! enfuie ! C'est le sort de Monsieur Xanisopatos, hospitalisé au quinzième depuis bien des jours et des semaines. Jamais, lui qui fut chat dans l'une de ses vies antérieures, ne vit tel défilé de souris : des grises, tout ce qu'il y a d'efficace et de laborieux, des blanches échappées de leurs laboratoires, regardant souvent par dessus leurs lunettes, des intellectuelles il en est certain. Pour avoir vécu cela avec sa sœur jumelle, il sait qu'il faut s'en occuper tendrement, afin de leur éviter le drame des bas bleus qu'elles porteraient sinon toute leur existence. Oui, oui, il a des heures de vol dans bien des domaines de l'existence. Maintenant, sage par obligation, il n'est pas sans savoir que transformer ses fantasmes en réalité conduit à bien des ennuis. Il aime bien les souris à la peau mate et au sourire éclatant, d'une espèce exotique avenante et dont la queue se divise artistiquement en de multiples et fines tresses aux reflets dorés, un petit faible de grand père pour la petite fille qu'il n'a pas.

Toutes souris officiant au quinzième portent uniforme immaculé, sur lequel cliquettent bien des instruments pacifiques : pincettes, ciseaux, blocs-notes, stylos, etc., ainsi qu'un badge personnalisé par une photographie.

Son séjour se prolongeant, le patient a tout le temps d'observer les multiples souris de l'étage et leur ronde perpétuelle, de jour, de nuit, de jour, de nuit, les souris de nuit invisibles et leur lampe de poche rassurante. Il y en a qui poussent des chariots de nourriture, des chariots de matériel, des personnes sur des chaises, qui accompagnent des patients cheminant méticuleusement. Elles bossent fort. Elles se réunissent au desk qui, vers seize heures, murmure intensément. Elles plaisantent avec des hommes en chemise de nuit rigolote qui circulent dans les corridors, suivis ou précédés d'un étrange bar ambulant auquel sont suspendues des boissons diverses dans des récipients mous et transparents. Ce sont des malades pas toujours commodes mais, le plus souvent possible, ils restent polis avec les souris et les souris sourient au lieu de se fâcher.

Monsieur Xanisopatos a repéré, son ouïe demeurant fine, que certaines souris parlent un étrange français, avec un accent rocailleux de bien plus loin que derrière les fagots. Elles ont dû traverser les mers courageusement, ces souris-là. Elles viennent d'un pays bien froid. Elles ont déserté les régions polaires, quitté les renards argentés. Elles ne passent plus la Saint Nicolas au bord du Saint Laurent, mais attendent le compatriote souriceau à Saint

François, sous l'horloge du kiosque ou au Grand Réfectoire en grignotant une barre aux céréales. Parmi elles, en homme de goût, il a repéré l'unique souris rousse qu'il a pu croiser depuis son arrivée : « Elle est drôlement bien roulée, cette souris, elle pourrait faire le rat d'hôtel... ». Il a le mérite insigne de reconnaître son faible pour les rousses. Elles ont à la fois quelque chose de champêtre et de fatal qui lui rappelle la femme de sa vie, partie pour un monde meilleur dont on ne revient pas, avant que de devenir grise. L'époux éploré d'alors ouvre le trésor de sa mémoire dans lequel elle vit, toujours fraîche et souriante, cette épouse qui lui apporta sans souci son ardeur, sa joie de vivre et ses taches de rousseur. Elle fut le plus grand bonheur de sa vie.

Lors de quelque rare pérégrination dans les corridors, il rencontre des souris vêtues de vert pâle. Elles nettoient avec une énergie contenue, « panossent », époussettent, traquant le microbe sur les linos et au fond des lavabos. Monsieur Xanisopatos raconte avec plaisir à cet auditoire ravi, dans la langue de chacune, ses histoires de blondes :
– Pourquoi les blondes ont les yeux bleus ?
– Parce qu'elles ont de l'eau plein la tête.
– Pourquoi ont-elles parfois les yeux verts ?
– Parce qu'elles ne changent pas souvent l'eau.

Il n'est plus souricier, il n'est que joueur, c'est si reposant. Par contre, il ne peut encadrer Sigismonde Tapioca, son visage étriqué, ses lunettes rondes cerclées de métal, son air morose et suffisant, elle qui agite sa queue minçolette, pontifiant avec plein de mots savants ou raccourcis, genre perf, maxi, méga. Avec son franc parler, il s'amuse à la clouer grave. Elle prend son air offensé. D'omnisciente, elle devient ahurie, sans ressource devant ce langage de charretier. Lui, souriant, la congédie d'un négligent « à plus ».

Monsieur Xanisopatos est presque heureux sur son quinzième, en observateur captivé. Il est stimulé par toutes ces souris, toutes ces souris qui cliquent, cliquent, cliquent, la main droite sur la souris et le regard rivé à l'écran. Il ne sait pas si 2007 fut l'année chinoise du Rat, mais pour lui c'est et ce sera toujours l'année des souris du quinzième.

Minette et le destin

D'abord, elle vivait chez Madame Tardin, au chemin des Roches. Elle prenait les risques les plus fous en traversant l'avenue de Lavaux, pour émigrer dans le jardin de mes parents, au sentier des Iris. A l'époque, elle s'appelait encore Ygraine et fuyait son domicile, car un chat plus jeune qu'elle avait perturbé sa tranquillité. Maman et Madame Tardin, qui se connaissaient et étaient toutes deux des dames à chat, avaient parlé ensemble bien des fois de ce problème sans solution et Madame Tardin avait conclu en disant qu'Ygraine « avait sa tête ». Maman se gardait bien de donner à manger à la chatte, car elle avait décidé qu'elle n'aurait plus jamais « de bête à chagrin ». Et puis, l'âge avançant, figurez-vous, si le chat restait tout seul...

J'ai insisté et fini par convaincre Maman – qui au fond ne demandait qu'à l'être – de proposer à Madame Tardin d'héberger définitivement la fugueuse qui n'aurait plus à traverser et retraverser la dangereuse avenue de Lavaux. C'était déjà un miracle qu'elle ne se soit pas fait écraser ! Madame Tardin fut soulagée de cette proposition et remercia Maman avec effusion. Une gamelle fut posée sur le sol en lino jaune de la cuisine, à la place habituelle où tant d'autres chats avant Ygraine avaient pris leurs repas, entre le montant de la porte et le meuble évier. Dans la foulée, la chatte fut rebaptisée Minette. Nous ne risquions pas la méningite ! Par le passé, nous avions fait preuve de davantage de fantaisie et d'imagination. Il y avait eu Pompon, Moustique, Bjic, Mickey La Rouquine, Panachette, Friquet, et le roi de tous, Kikouyou, un superbe chartreux à

Maman confié par deux vieilles demoiselles devant quitter le quartier pour cause de démolition de la maison qu'elles habitaient depuis toujours : « Il sera bien chez vous, vous aimez les chats, vous les traitez bien ». Tel fut le testament des deux vieilles demoiselles, aussi sobre et pratique que leur mise, jupe noire à la cheville, col blanc amidonné, chapeau noir été comme hiver. Il vécut encore plus de vingt ans chez nous. Et chaque fois, lors de la mort Du Chat, il y avait pleurs, carton à souliers pour mettre le minou dedans, tombe creusée au crépuscule dans le jardin, fleurs et larmes répandues. Même une croix plantée sur la tombe remblayée, faite de deux bâtons attachés avec une ficelle.

Minette vécut avec mes parents dans leur vieillesse. Je ne voyais pas qu'ils n'étaient plus jeunes. Elle était là quand Papa mourut. Elle le vit dans son cercueil, alors que les voisins disaient à Maman : « Vous n'avez pas peur la nuit avec votre défunt dans la maison ? » Après, Maman fut seule et elle resta avec la chatte : le matin, au petit-déjeûner, trônant sur la table de la cuisine en formica bleu, entre la tasse de café et la plaque de beurre et le soir sur ses genoux, devant la télévision. La nuit, Minette dormait sur ou sous le duvet, mais jamais sur le lit jumeau désormais vide et froid. Il y avait des poils roux et drus partout dans la maison, puisque Minette est une belle rousse pleine de tempérament, avec des anneaux rouillés partout, autour des pattes, autour du corps, comme une dompteuse aurait des serpents enroulés autour d'elle. Et ses yeux d'émeraude que la tendresse souvent noie, parfois traversés d'un éclair sauvage qui les rend tranchants comme des couteaux…

Maman vécut cinq ans et demi avec Minette, toute seule avec elle, les jours, les nuits. Cinq ans et demi de semaines et de dimanches. Jamais ne manquèrent les boîtes de Whiskas au poulet, au saumon, au bœuf, ni les croquettes en tous genres. Puis Maman dut aller à l'hôpital. Son frère, l'oncle Roby, un homme à chat parce qu'il croyait que tous les êtres humains étaient réincarnés sous une forme ou une autre, s'inscrivit pour venir habiter la maison en l'absence de sa propriétaire. Il vénérait Minette. C'était même presque trop. Puis Maman dut partir à l'EMS Odysse. L'oncle Roby resta encore quelques mois avec la chatte, puis il regagna son domicile. L'EMS accepta de prendre Minette qui allait et venait dans l'établissement, avait accès au jardin. Les autres pensionnaires l'appréciaient et Maman ne manquait pas de préciser que c'était SON CHAT, pas celui de la maison et elle le serrait contre elle.

Rien n'étant prévu pour les circulations animalières, Minette rentra une nuit par une fenêtre à guillotine restée entrouverte dans laquelle elle resta coincée. Elle fut retrouvée à l'arrivée du personnel de l'animation, le matin, pantelante, pendue de part et d'autre du cadre de la fenêtre. Vivante ! Nous allâmes la chercher et la conduisîmes chez le vétérinaire. Elle fut soignée. Même mon médecin, à qui j'avais parlé de l'accident, me donna pour la blessée des doses homéopathiques, contribuant ainsi incognito à son rétablissement. Nous lui fîmes de la physio, car son arrière-train ne réagissait pas très bien. Après six semaines de séjour à la campagne, chez ma belle-sœur et mon frère, Minette, toute fringante, réintégra l'EMS. Entretemps, le menuisier avait fabriqué et installé une échelle du rez-de-chaussée au premier étage, ainsi qu'une chatière dans la fenêtre de la chambre de Maman. Comme Minette n'était ni stupide ni bête, elle apprit en cinq secondes le nouvel itinéraire privatif et la vie paisible continua.

Puis tout se gâta car un autre chat arriva dans le quartier, qui se mit à chercher des poux dans la tête de Minette. Et que je miaule comme un perdu, et que je te gifle, et que je t'embête sur tout le territoire dont Minette avait eu jusque là l'exclusive jouissance. Alors, elle devint bizarre. Elle se mit à pisser dans les plantes vertes, à sortir les griffes, à lancer des éclairs vert-fluo de ses prunelles comme avec des lasers. Elle se mit à déranger et à faire peur dans un milieu fragile. La mort dans l'âme, nous dûmes la mettre en pension ailleurs, chez une dame qui voulut bien s'en occuper, car nous avions déjà tous des chats. Maman ne versa pas une larme.

Minette vécut presque deux ans à Belmont. Elle était gâtée, bien soignée. Puis elle se mit à vomir partout et nous ne pûmes plus rien pour elle. C'est pour cela que, dans l'antique panière d'osier posée sur le siège arrière de la voiture, nous la menons chez le vétérinaire pour l'endormir. A deux, nous aurons davantage de courage, Eliane et moi. Je lui ai parlé jusqu'au bout, je lui ai dit que je la remerciais d'avoir été une bonne chatte, d'avoir tenu compagnie à mes parents qui l'aimaient tant. Je fixais ses magnifiques yeux qui chaviraient et je chavirais avec eux. Quand ils se fermèrent, je dis encore à Minette que ces yeux-là avaient regardé mon père.

Puis, j'ai craqué.

Anzeindaz

Vous parquez votre voiture à Solalex, à l'aplomb du Miroir d'Argentine, désert d'alpinistes en ce lendemain de mousson et sur lequel traînent des lambeaux de brouillard. Vous vous dépêchez de changer de chaussures, troquant l'escarpin contre l'Adidas costaud ou le godillot montagnard, en gardant l'oeil sur le taxi rouge service de jeep Refuge Giacomini d'Anzeindaz en évidentes lettres jaunes sur tous les côtés du véhicule stationné à quelques mètres. Au fond, pas vraiment besoin de vous dépêcher, il n'y a pas grand monde. Le patron attend. Vous vous mettez à parler avec lui pour passer le temps, car vous arrivez du tumulte de la plaine et le silence et le vide vous font horreur. En bon Valaisan de Champéry, il vous tutoie d'emblée. Vous parlez du temps qu'il fait, vous lui demandez quel est le vent qui souffle.

– C'est la bise, dit-il.

Etrange, pensez-vous, ici, elle souffle d'Est en ouest. Votre rose des vents a perdu la tête. Il vous raconte sa montagne, sa vie d'avant, gardien au refuge de Trient, les crevasses en forme de cathédrale, celles desquelles on a un peu plus de chance de s'en sortir lorsqu'on y tombe que celles en forme de V dont on ressort rarement vivant puisque la chaleur du corps fait fondre la glace qui gèle à nouveau et vous enserre pour vous étouffer.

Vous resterez aujourd'hui seul avec lui pour la montée. Les Japonais ont choisi la grimpée à pied, les vieux routards aussi, pour ne pas démériter avec le pèlerinage annuel. Le patron conducteur vous invite à monter à côté de lui.

– C'est plus confortable que les bancs derrière.

La Toyota VD 662 grimpe intelligemment sur la route caillouteuse et Willy Berra – entre temps vous avez fait les présentations – vous parle de sa famille, d'Anzeindaz où ils vivent de mars à novembre, de ce lieu dont il ne peut se passer. Dans la morte saison, il y monte pour voir si la neige est tombée, si elle a fondu, si le vent souffle, s'il y a des congères, si un chamois a passé près du refuge. Il raconte que sa femme lui dit qu'il est un drogué d'Anzeindaz. Il stoppe le taxi et vous montre, droit devant sur un rocher, à plus de cent mètres, une marmotte qui veille.

– C'est une jeune de l'année, dit-il.

A l'arrivée, altitude 1878 mètres, vous prenez congé du robuste taximan, après avoir réglé les douze francs de la simple course, car vous avez choisi de redescendre à pied. Et vous vous retrouvez devant le Refuge d'Anzeindaz. Il est midi dix, vous crevez de faim, l'air d'ici creuse et vous vous attablez dans ce lieu à la fois sobre et charmant, avec aux murs des photos de marmottes, renards et renardeaux, des bois de cerfs et de chamois et un superbe aigle dont les plumes métalliques font plus vrai que nature, posé à l'angle de la cheminée .

Vous achetez une carte postale couverte de gentianes, vous empruntez un stylo, vous écrivez quelques mots à l'intention de l'amie malade restée en ville, vous collez le timbre et vous déposez le tout dans la boîte jaune décorée du cor postal.

Il y a Kadri, le Népalais, qui regarde à travers la porte vitrée, et ne dit pas que le paysage lui rappelle celui de son pays ; il y a l'épouse du patron qui vit en accord complet avec son horloge intérieure, du 10 mars au 10 octobre de cinq heures du matin à onze heures du soir et du 11 octobre au 9 mars de huit heures du matin à huit heures du soir, exactement le même horaire que les marmottes, dit-elle, à part qu'elles elles dorment jour et nuit durant la morte saison. Il y a Martine, la fille, bosseuse et forte en thème, qui a abandonné « L'Ecume des Jours » sur le coin d'une table pour venir vous servir, parce qu'elle passe ses vacances scolaires ici, pour se faire un peu d'argent.

Vous lui commandez en entrée une demi assiette valaisanne avec un verre de Bex clairet et fringant, puis le gratin montagnard, avec pommes de terre, fromage, jambon et un œuf dessus, dont le jaune est plus jaune que la fleur dont il est garni, sans oublier les trois décis de Dôle d'un rouge rubis plein de verve, vous terminez par le classique cornet à la crème et le KF. Vous payez une addition plus qu'honnête et, sans tarder, départ pour le Pas de Cheville, 2038 m. d'altitude, à environ quarante-cinq minutes à pied.

Vous franchissez la passerelle de bois sur le ruisseau et vous empruntez le sentier où tous les cailloux sont en forme de cœur et les herbes en point d'interrogation. Votre regard est aimanté par le bleu inénarrable des campanules et votre ouïe par les monotones cloches des vaches. Il y a des ruminants crème, des noisette, des chocolat, des café au lait au lit, des caramels mous, et le veau qui tète sa mère, étiquetée à l'oreille par deux fois, 6873 et 48, s'appelle Caramel, comme le Léonberg de la belle personne qui mangeait tout à l'heure à la table voisine le paillasson rösti carottes s'appelait Déjeûner.

– Viens ici, Déjeûner ! disait-elle de ses lèvres pulpeuses sous ses énormes lunettes à soleil cachant la plus grande partie du bronzage hollywoodien de son visage. En short jeans mini et décolleté vertigineux d'un pull hypercollant doré parsemé d'étoiles bleues scintillantes.

Vous revenez à votre chemin, vos cœurs, vos points d'interrogation, vous longez le serpolet, les raiponces, vous croisez deux dames fluettes, aux cheveux blancs en auréoles, d'un certain âge, ou plutôt d'un âge certain qui sourient comme des anges tombés de l'azur qui a, entre temps, effectué un rétablissement extrêmement athlétique. Vous montez gentiment. Les soldanelles et les crocus, et déjà même les énormes gentianes et les gros boutons d'or se sont rendormis jusqu'au printemps suivant. Il reste les orchis vanillés, ce qui n'est pas si mal, les esparcettes naines, les chardons, toujours et encore les campanules de plus en plus bleues, pour rivaliser avec l'œil incomparable et perçant de la petite gentiane que vous ne pouvez fixer longtemps. Vous sentez le vent forcir et vous arrivez au col avec, à votre gauche, sur un léger monticule vert pétant, des asters mauves au cœur d'or. Ici, c'est déjà un peu l'automne. De l'autre côté du col, en contrebas, Derborence où le soleil faillit ne jamais revenir.

A ce moment précis, vous regardez autour de vous, un peu en arrière, sur ce pierrier en V, vers ce bloc de pierre noire, à cinq heures, deux chamois, ou est-ce un mirage ? Les taches de neige qui n'ont pas fondu ne fondront plus, ou leur forme se modifiera très légèrement, diminuera un tout petit peu. L'herbe si verte maintenant jaunira d'un coup, les sonnailles se tairont et le silence reprendra ses droits.

Vous ramasserez un cœur de pierre sur le chemin, que vous glisserez dans votre poche, vous remettrez vos lunettes de soleil et reprendrez la route du retour. Vous entamerez la descente jusqu'à Solalex, environ une heure quarante-cinq de marche, pour retrouver Les Folies D'En Bas.

En arrivant à la maison, vous passerez le cœur de pierre sous l'eau du robinet, il foncera. Vous le laisserez sécher avant de le poser comme presse-papier sur des papiers qui ne presseront plus du tout.

Le bétail

– Où est la meilleure place, celle où je serai le moins secouée ? J'ai le mal de mer en montagne.
– Madame, mettez-vous devant. Enlevez votre sac à dos, ce sera plus confortable.

Le conducteur du taxi bus lui tendit la main et l'aida à monter.

Elle se sentait un peu gênée d'être installée à côté d'un autre homme que son mari. Elle le regarda, le trouva sympathique, avec son accent vaudois à couper au couteau, son assise, sa bonhomie et ses énormes mains reposant sur le volant. Elle se mit à bavarder avec lui, ce grand gars costaud au sourire retenu mais craquant.

Ils allaient en équipe, comme chaque année, manger un gratin montagnard au refuge d'Anzeindaz et marcher jusqu'au pas de Cheville, s'arrêtant là où le vent s'engouffre dans le col. Jamais ils n'étaient descendus jusqu'à Derborence. Il faudrait bien qu'une fois ils se décident.

En montrant le bord de la route, là où elle sait que pousse le lys Martagon, elle se tourna vers le chauffeur :
– Est-ce qu'il y a des lys Martagon, où bien sommes nous trop tard ?
– Vous êtes un peu tard, mais de toute façon, Ils les ont tous cueillis. Je montais le matin, et j'en voyais un qui allait fleurir. Je descendais le soir, et il n'y était plus.

Sa voix avait un accent de déception.
— C'est bête, dit-il. Ils les cueillent et quand Ils arrivent en plaine, les fleurs sont fichues. C'est du massacre. Mais Ils ne savent pas.

Et il hochait la tête, à la fois consterné et philosophe.

Elle se retourna et, regardant son mari, elle pouffa de rire :
— Tu vois, au lieu du mal de mer, c'est de nouveau le délire de l'altitude qui me reprend !

Le mari sourit, le costaud aussi.

Elle interrogea le chauffeur sur l'environnement.
— L'alpage comprend 1500 hectares, répondit-il. Cette année, il n'y a que 300 têtes de bétail. C'est la première année qu'il y en a si peu. D'habitude, on compte 450 têtes.

Elle s'étonna.
— Oui, il y a de moins en moins de paysans. Il y a des bêtes qui viennent de la région de Winterthur pour l'estivage. Elles arrivent de toute la Suisse. L'avantage, c'est qu'on a de l'eau, pas comme dans le Jura.

Elle le questionna sur les génisses, les vaches laitières.
— Il y a 30 vaches laitières. Le lait des traites descend directement à Gryon. C'est la société d'alpage de Bex qui s'occupe.

Désignant une vache montbéliarde, très blanche et tachée de roux :

– Vous voyez, celle-là. Et bien, elle donne beaucoup de lait mais, après six ans, malgré ses grosses tétines et bien, elle est finie. Plus bonne à rien. Mais ils en reviennent à des races plus rustiques, avec le veau sous la mère, pour la qualité de la viande.

Elle était perplexe.
– Est-ce que vous pensez qu'un jour, peut-être, il n'y aura plus de vaches ici ?
– Ça se pourrait.

Et il hochait la tête.
– Et que deviendrait tout ce territoire ?
– On n'en sait rien. On ne peut pas tout prévoir.

On arrivait à destination. On paya le trajet et les pièces de cinq francs et deux francs paraissaient minuscules dans la grosse main.

De retour de l'excursion, quelqu'un fit remarquer qu'on pourrait, s'il n'y avait plus de vaches, faire un terrain de golf. Il y eut de multiples contre-indications : l'altitude, la courte saison.

Ils croisèrent le bus qui partait. Le chauffeur fit signe. Eux descendaient à pied à Solalex.

La biche albinos

Une décharge de chevrotine en plein cœur, ses yeux roses grands ouverts, elle gît sur la table de la cuisine du restaurant du Prieuré, à Pully, sur laquelle Hubert Muveran, un copain du patron, grand chasseur devant l'Eternel, l'a larguée d'un ample mouvement d'épaule :

– On s'arrangera pour le prix. Je viendrai manger avec une équipe de copains à la fin de la saison.

Hubert Muveran caressait le pelage incroyable de l'animal, comme à regret, lui qui ne cultivait pas l'état d'âme, qui avait derrière lui une longue carrière de « tueur d'opérette » comme il le disait de sa voix grave à l'heure du casse-croûte ou de l'apéro. Ceux qui ne connaissaient pas le personnage dressaient l'oreille, se tenaient sur leurs gardes. Mais ils se détendaient en écoutant les multiples aventures et péripéties que ce grand rouquin débitait. Et la chasse à courre dans la Loire, celle au renard dans la verte Albion, la traque de l'ours tchèque, du loup canadien. Il gardait pour la bonne bouche la chasse au tigre de Sibérie, car celui-ci avait failli lui faire la peau. Assis dans le sympathique café relooké joliment à moindres frais par la Municipalité de Pully – car le café restaurant du Prieuré est un établissement communal – Hubert Muveran transpire dans sa veste ad hoc et sort d'une des nombreuses poches un mouchoir immaculé à ses initiales, parfaitement repassé et plié soigneusement :

– Je l'ai eu quand même, ce fauve. Il avait une dent contre moi...

Il rigole un peu bêtement, fourrage entre veste et chemise à carreaux et extirpe, au bout d'une épaisse chaîne d'or, une dent menaçante d'un ivoire bruni :
— La preuve !
Puis, s'adressant au patron :
— La biche blanche que je t'ai larguée à la cuisine, je n'en ai jamais vu de pareille. Fine, une véritable gazelle, la truffe orangée, et ce regard étrangement rose. Je t'avouerai que quand je l'ai vue de loin, j'ai tiré comme d'habitude. Puis, lorsque je l'ai vue à terre, telle une jeune femme fauchée à la fleur de l'âge, un sentiment inconnu m'est monté à la gorge. Serait-ce cela le remords ? Mais trêve de calembredaines ! Je vieillis, je suis moins costaud, faut faire avec.

L'œil gauche vert glauque d'Hubert Muveran paraissait humide, le droit n'étant qu'à demi-ouvert. Le tic du chasseur gaucher ?
— On va la laisser reposer quelques jours. Tu la planques au frais. Je viendrai mercredi la dépecer. Je te ferai de la belle ouvrage. Tu mets la tournée sur mon compte. Salut. A mercredi.

Hubert Muveran salua à la ronde et s'en fut récupérer son 4 x 4 sur le parking du Pré de la Cure, qu'on appelle aussi « des ruines romaines ».

Le lendemain, Alberto, le chef de rang, s'étonna de voir de la lumière dans la cuisine lorsqu'il fit l'ouverture à sept heures, pensant que le commis qui avait fait la fermeture avait oublié d'éteindre. Gentils, ces jeunes, mais pas toujours à leur affaire. Il ouvrit le café, le restaurant, enclencha la machine à café, se tira un petit noir bien serré et, sa tasse à la main, entra dans la cuisine. Alberto n'est pas du genre émotif, mais le spectacle fit que ses jambes se dérobèrent sous lui : sur la table où l'équipe de cuisine, avant de s'en aller, avait encore admiré la biche albinos, gisait le patron, un couteau de cuisine enfoncé dans le dos jusqu'à la garde. L'assassin ne lui avait laissé aucune chance. Le patron n'avait rien vu venir. Il n'avait pas dû souffrir non plus. Sur la table, dans une mare de sang noir, un stylo Bic qui n'avait rien à faire là. Un indice ? Cette pensée s'implanta dans le cerveau d'Alberto, un féru de polars. Un fouet, une écumoire, une louche, mais un stylo, c'est louche... Il sourit, comme il le faisait chaque fois qu'il s'en racontait une qu'il ne connaissait pas, se garda bien de ne toucher à rien et composa le 117 sur son portable.

La police municipale arriva en trombe. Comme la cuisine donne dans la cour du bâtiment administratif, il demanda de la discrétion aux agents. Surtout ne pas effrayer la clientèle.

– De toute façon, ce n'est pas de notre ressort. Nous allons transmettre à qui de droit. Ne touchez à rien.

La brigade criminelle fut rapidement sur place. Elle releva de multiples empreintes, questionna chaque membre du personnel séparément. La question cruciale demeurait sans réponse :

– Où a disparu la biche albinos ?

Car elle était introuvable.

Et ce tag sanglant inachevé sur les catelles ivoire « Punition à ».

Il fut demandé à Alberto de rester à disposition. Il assista pour la première fois de sa vie en direct à une enquête criminelle. Photos, relevé des empreintes, levée du corps, etc. Il trouva cela moins passionnant que dans les polars.

Le cadavre, puisque le patron était maintenant effectivement un cadavre, fut emmené avec la plus grande discrétion possible à l'institut médico-légal. En parlant de discrétion, la nouvelle du crime s'était répandue comme une traînée de poudre. Le syndic s'arrachait les cheveux. Ces restaurants communaux ne sont que des bêtes à chagrin. Pour une fois qu'on avait trouvé un exploitant compétent, voilà qu'il était décédé de mort violente. Il se prit la tête dans les mains et se mit à réfléchir. Au fond, le scandale d'un meurtre ne ferait-il pas une pub d'enfer ? Puis il eut honte de ses pensées et les garda pour lui. Les employés des bureaux administratifs étaient attristés par cette situation, se demandant s'ils pourraient encore déguster les assiettes du jour, dont le rapport qualité prix était excellent, si le resto allait fermer. S'il restait ouvert, qui s'en occuperait, la femme du tenancier s'en étant allée sous d'autres cieux ? Et cette histoire improbable de biche albinos dont la dépouille avait disparu, remplacée par le cadavre du patron ? Mon Dieu, quelle histoire ! L'église a brûlé voilà peu de temps. Le coupable de l'incendie volontaire n'a jamais été découvert, et pourtant les pistes ne manquaient pas. Alors, maintenant, un cadavre dans la cuisine…Pour une commune sans histoire, ça commence à bien faire ! Heureusement que la criminelle compte des limiers habitués à bien pire.

L'inspecteur Duchosal fut nommé responsable de l'enquête. C'était le meilleur élément de la crim . A la télé, il ne répondit pas aux questions que lui posait sans vergogne une meute de journalistes :

– Pensez-vous à un crime passionnel ? Est-ce une affaire crapuleuse ? Un commis mécontent ? Un voisin qui a pété les plombs ? Une vengeance ?

L'inspecteur Duchosal fut irréprochable. Pas un mot superflu ne sortit de sa bouche. Il n'insista que sur un détail qu'il qualifia de « particulièrement navrant » :

– L'index de la main droite de la victime a été tranché et a disparu. L'enquête s'orienterait peut-être en direction d'un sadique, d'un maniaque. Mais il n'était pas encore question de serial killer pour l'instant. Il faudrait attendre.

Son rôle était aussi de ne pas affoler la population.

Interviewé par « Le Régional », il garda la même ligne de discrétion et de sagesse. Il n'ignorait pas qu'il ne faut pas vendre la peau de l'ours avant de l'avoir tué.

Des nouvelles distillées par la suite au compte-goutte, on pu déduire que la biche albinos était pensionnaire de la promenade Guillemin, un parc public avec enclos pour animaux, pateaugeoire pour les enfants et bancs publics avec vue sur le Léman. Des traces de sang dans le gazon furent analysées : il s'agissait d'ADN de cervidé. Par contre, les enquêteurs trouvèrent sous un conifère, dissimulée sous les aiguilles sèches, la clé qui donnait accès au local d'affouragement et par conséquent à l'enclos. De là à soupçonner Hubert Muveran, il n'y eut plus qu'un pas qui fut vite franchi. Mis en garde à vue, le prévenu craqua plus vite que son ombre. Il s'affala pourrait-on dire. Sans vergogne, ce Nemrod émérite, ce fabuleux voyageur, avant même qu'on lui enfilât sous les ongles des lamelles de bambou, supplice auquel il se vantait d'avoir résisté sans broncher en Indochine, sans même avoir enduré des heures durant la goutte d'eau dont le bruit sur une casserole retournée rend fou, et juste après avoir réclamé une bière, qu'il éclusa vite fait bien fait, et un sandwich au jambon de campagne coupé fin qu'il dévora sans vergogne, avoua que oui, c'était bien lui qui avait tué la biche albinos aux si jolis yeux roses et dans la foulée assassiné le patron du café restaurant du Prieuré, ce si gentil gars. Par contre, en ce qui concerne l'index coupé et les catelles taguées, il rechigna. Il fallut le cuisiner :

– Je ne voulais pas faire ça. Quand je l'ai poignardé, il était en train d'écrire un menu. J'ai été curieux et j'ai bien fait. Quand j'ai lu « En exclusivité – Médaillons de biche albinos », moi qui ne voulais pas être découvert, je me suis senti perdu. J'ai pété les plombs. J'ai sectionné l'index taché d'encre, j'ai écrit sur les catelles avec. C'est un truc de jeunes. J'étais sûr de brouiller les pistes. J'ai brûlé la feuille de papier et le doigt dans mon fourneau à bois. Plus de preuve.

Hubert Muveran avait oublié le stylo.

L'inspecteur Duchosal, en buvant le café le lendemain matin avec son équipe, eut le mot de la fin : « Mieux vaut se méfier d'un chasseur sachant chasser sans chien. »

Mimi De SpeedysCopy

Un patronyme de pure noblesse anglaise ? Ou de l'aristocratie écossaise, férue de cornemuse ? Et Mimi ? Mimi Pinson ? Diminutif de Micheline, de Minouche ? Serait-ce peut-être Minette ?

Détrompez-vous. Pas de féminin, mais Mistigris, un splendide mâle de quatre ans, un matou tout sucre et tout miel, avec parfois ce coup de patte qui tue.

Chaque matin, du lundi au vendredi, ce noir et blanc européen franchit la chatière de son appart, puisque sa maîtresse est partie au boulot à la Migros et que son maître s'affaire dans un atelier de la région. Mimi n'aimant pas la solitude, il se rend dès potron minet auprès d'Anissia et Marie-France, qui tiennent boutique dans le quartier. Elles l'accueillent à grand renfort de croquettes croquantes et de petits pots de crème à café. Une fois restauré, Mimi De Speedys Copy s'installe sur l'unique chaise rembourrée, celle placée devant le clavier de l'ordinateur où officient les patronnes à tour de rôle. Ces dames poussent de côté la chaise chargée du matou et s'installent tant bien que mal sur un siège inconfortable pour se mettre à boulonner fort, tandis que Mimi roupille en boule comme un bienheureux. De temps en temps, il s'étire, laisse pendre négligemment une patte, comme une jolie femme coquette le ferait sans retenue d'une jambe parfaite. Un ronronnement ou un soupir ? Ses oreilles noires tressaillent. Les clients vont et viennent, saluent ou ne saluent pas, demandent des trucs :

– C'est superurgent !

– Il me les faut pour avant-hier...

Mimi pionce sans vergogne, laissant gagner ses boîtes kit et kat par ces deux jeunes femmes. La culpabilité, il ne connaît pas !

Parfois, trouvant qu'il y a trop de courants d'air avec tout ce remue-ménage, il s'installe subrepticement sur la vitre tiède d'une photocopieuse. Il s'étale sur cette chaleur sèche, celle que préfèrent les minous de tous poils du monde entier. Il se répand de tout son long sur son ventre immaculé. Ses pattes arrière ressemblent aux pattes de fourrure qu'enfants nous laissions comme jouets au chat de la maison, après avoir mangé le lapin le dimanche à midi. Et Mimi d'en écraser, au pays des rêves, bien à l'abri, chez « Speedys Copy ».

Deux ânes et peut-être davantage

Fanny s'en va donner du pain aux ânes. Parfois, elle le coupe en tranches, parfois elle laisse la miche, qu'elle a achetée sans réfléchir, presque entière, son subconscient calculant qu'il faut remplir le sac de toile dans lequel le pain sèche sans moisir. Fanny, l'allure martiale, son léger bagage à la main, s'en va dans la campagne. Elle connaît un carré d'herbe clôturé au bord d'un chemin où paissent deux ânes. Quand elle arrive à la barrière, l'âne gris est le premier arrivé, le brun se retournant et brayant sans discrétion, pour attirer l'attention de tout le voisinage, montrant toutes ses dents jaunes, avant de se décider à trotter en diagonale jusqu'à Fanny. Que voilà deux ânes sympathiques, chacun dans son genre !

Occupée à distribuer équitablement le pain sec, finissant de casser la maison de pain d'épice qu'elle avait bâtie pour Noël, Fanny n'a pas entendu arriver le jeune homme qui, soudain, se trouve à côté d'elle :

— Madame, qu'est-ce que vous faites ? demande-t-il avec un grand sourire beaucoup plus esthétique que celui de l'âne.

— Je donne du pain aux ânes.

— Vous les connaissez ?

— Pas vraiment, mais je viens de temps en temps, lorsque mon sac est plein.

— Vous connaissez leurs noms ?

— Non, répond Fanny.

— Alors, il faut les baptiser. Baptisons-les. Nous serons le parrain et la marraine.

– Pourquoi pas ? C'est une bonne idée. L'âne gris, c'est Baptiste, et le brun Roméo. Sûrement, ce sont des mâles.
– D'accord, répond le jeune homme pas contrariant. C'est extra. Bonjour Baptiste. Bonjour Roméo. Et il passe son bras par-dessus la barrière, la main munie de l'incontournable portable que Roméo, gourmand de nouveauté, s'empresse de tenter de croquer de ses dents jaunes.
– Non, non, Roméo. Pas mon téléphone ! Je vous laisse, Madame.

Il me tend son autre main que je serre et il s'en va comme il est arrivé. Les ânes ont été baptisés vite fait bien fait, alors qu'ils le sont certainement déjà. Fanny les appelle maintenant, s'habituant déjà à ces prénoms qui leur vont si bien :
– Baptiste, Roméo...

Ils n'ont pas l'air mécontent du tout.

S'il y avait eu un troisième âne, Fanny n'aurait plus disposé que d'un seul prénom, Sabrina...

L'âne et le bœuf

Le bœuf	Regarde, âne mon ami, ces gens qui entrent dans notre étable.
L'âne	La femme en bleu, on dirait une madone.
Le bœuf	Il me semble qu'elle est enceinte.
L'âne	J'espère qu'elle va pas accoucher ici !
Le bœuf	T'occupe, un type l'accompagne.
L'âne	Ouais, maintenant ils assistent à l'accouchement.
Le bœuf	Il pleut dehors, il fait un temps de chien.
L'âne	Je les trouve quand même culottés de squatter notre lieu de vie. Ah ces jeunes, pas un rond dans la poche pour s'offrir l'auberge.
Le bœuf	On connaît la musique. On a été jeunes aussi.
L'âne	Ce que tu peux être naïf, je te parie qu'ils vont s'incruster.
Le bœuf	Ils se sont juste mis à l'abri. Quand l'Etoile du Berger sera à nouveau visible, ils repartiront. Ils ont bonne façon je trouve.
L'âne	Toi, avec ton optimisme…
Le bœuf	Ecoute, comme la femme gémit.
L'âne	Et puis son gars qui se penche sur elle et qui dit : « Marie, Marie ». Pas l'air vraiment dégourdi, le barbu.
Le bœuf	On serait paniqué à moins.
L'âne	Moi, je ne me sens pas du tout concerné par cette histoire.
Le bœuf	Oui, toi, bien sûr, t'es concerné par rien. Ton picotin, y a que ça qui compte. T'es un vrai mammifère.

L'âne	Voilà qu'elle crie « Joseph, Joseph ». C'est le nom du père tu crois ?
Le bœuf	Mon ami âne, t'es vraiment doué pour réinventer le fil à couper le beurre !
L'âne	Tu crois qu'ils sont mariés ?
Le bœuf	Comme si c'était le moment de penser à ça !
L'âne	Le Joseph, il a vraiment pas l'air très habile. Il est drôlement mal à l'aise. Rien, vraiment rien des doctes médecins de la cour de Pilate !
Le bœuf	Ils sont si jeunes, c'est leur premier enfant. Je voudrais t'y voir.
L'âne	Nous, on est des mecs, ces trucs de mettre au monde, ça ne nous concerne pas. On peut piloter des hélicoptères, éteindre des incendies. Mais ces combines de bonnes femmes…
Le bœuf	T'entends comme elle crie fort, elle doit avoir vachement mal.
L'âne	Tu parles, et moi pour me boucher les oreilles, tintin.
Le bœuf	Ecoute, l'enfant pleure. Ouf, il est né.
L'âne	Tu crois que c'est une fille ou un garçon ?
Le bœuf	Ses parents sont tout attendris. Regarde comme ils se penchent sur leur enfant en disant : « Jésus, Jésus, notre petit Jésus ». Je crois que c'est un garçon. C'est joli, Jésus, ça sonne doux.
L'âne	Regarde le Joseph, il essuie le gamin avec de la paille. Les ânesses, c'est elles qui lèchent leur petit.
Le bœuf	T'as raison, c'est plus tendre.
L'âne	J'espère qu'elle ne fera pas de ce Jésus un traîne-savates. Par les temps qu'on vit, avec le progrès, les femmes ne sont plus ce qu'elles étaient hélas !

Le bœuf	T'inquiètes pas. Du reste c'est pas du tout ton genre de t'inquiéter. C'est toi qui commences à me faire du souci. Le gosse a un père qui veillera au grain et lui donnera un bon métier. Cordonnier ou boulanger
L'âne	Boulanger, ça serait pas mal, parce que les humains mangent tous les jours que Dieu fait.
Le bœuf	Ben, tu vois, ils ne nous dérangent pas. Et si on faisait une petite place dans notre crèche pour ce divin enfant ? Un enfant c'est toujours un don du ciel, même si adulte il tourne mal.

L'âne et le bœuf préparent un emplacement dans la paille de la crèche.

L'âne	Il a compris, le Joseph, il apporte le petit Jésus.
Le bœuf	On va souffler dessus pour le réchauffer.
L'âne et le bœuf ensemble	C'est une bien belle soirée. On a de la compagnie. On sert à quelque chose, c'est le bonheur !
Le bœuf	Ma mère, quand elle était heureuse, chantait : « Voici Noël » !

L'âne et le bœuf entonnent « Voici Noël » que le public chante avec eux.

Le chat roux sur le fauteuil turquoise

Agnès court chez le psy chaque lundi. Je suis sa meilleure amie et j'apprécie infiniment qu'elle ne parle pas, comme tant de femelles possessives de « son psychiatre ». Pour le nommer, elle dit « le Docteur X, chez lequel je suis une psychothérapie déléguée avec le psychologue Y ». Un peu longuet mais précis, comme Agnès. Elle poursuit : « Nous nous sommes parfaitement trouvés, nous nous convenons, nous déblayons le terrain, nous avançons, nous faisons ensemble du bon travail ».

On pourrait s'attendre, avec un tel prénom, à découvrir un personnage marshmallow, une fine blonde éthérée aux cheveux d'ange et au regard pensif. Il n'en est rien. Agnès est une battante qui a fait fi d'elle-même des années durant et de ses aspirations profondes qu'elle refoulait, préférant les autres à elle-même. Encore une qui n'a pas bien écouté ce qu'on nous a seriné sans entrain, en appuyant surtout sur le premier segment de la phrase « aime ton prochain » et en ajoutant dans un murmure, à moins qu'il ne soit oublié, le deuxième segment « comme toi-même ». Les femmes de notre époque non seulement sont les sacrifiées du blanc de poulet, le mari très souvent mangeant à lui seul ces deux morceaux de volaille, de surplus elles n'ont pas appris à s'aimer elles-mêmes. Ce qui a conduit Agnès au grand crash de l'an passé, l'âge de la retraite ayant sonné pour elle l'époque du bilan. Elle l'a trouvé fortement déséquilibré et, comme c'est une bosseuse, elle a entrepris ce que l'on nomme délicatement « un travail sur soi-même ». Le travail à fournir ne l'a, comme toujours, pas rebutée, je dirai même qu'elle y prend goût. Donc, elle court chez le psy chaque semaine avec son grand sourire retrouvé. Ah ! le sourire d'Agnès ! Ses dents éclatantes, ses yeux plissés, la longue tresse grise sur l'épaule gauche « celle du cœur » dit-elle et elle se met à rire. Ah ! Le rire d'Agnès ! A la fois le murmure amplifié d'une joyeuse fontaine coulant d'abondance et mille clochettes qui tintent. « Je voudrais tant que ceux que j'aime gardent de moi le souvenir de ce rire » dit-elle.

Agnès sonne et ouvre la porte du grand appartement dans lequel travaillent silencieusement ceux qui s'occupent de l'âme des autres. Elle en apprécie les hauts plafonds aux moulures de plâtre et ce qui, maintenant, est considéré comme place perdue, un corridor spacieux distribuant les pièces aux planchers brillants. Elle se sent à l'aise immédiatement et se dirige vers la salle d'attente. Elle s'assied après avoir salué une jeune personne tendue et triste et une dame d'un certain âge teinte en blonde puisque les hommes les préfèrent. Elle choisit un journal et va se plonger dans sa lecture quand elle s'étonne, d'une voix tendre et attentive de dame à chat :
– Le chat…

La jeune personne tendue et triste lève la tête et tente un sourire timide :
– Je ne l'avais pas vu…
– Quel beau minou tu es, dit Agnès qui n'ignore pas que, en général, les rouquins sont de sexe mâle.
– Habites-tu ici ? Je ne t'ai encore jamais aperçu. D'où viens-tu ?

Le beau rouquin, charpenté, costaud, les pattes de devant bien alignées, regarde Agnès et ne bronche pas, très à l'aise sur son fauteuil turquoise. Il commence une toilette indifférente.

La dame blondie, avec un agréable accent italien, parle de sa minette des forêts norvégiennes, si affectueuse, si belle, si coquette, qui sort dans le jardin de l'appartement en ville et rentre à son gré, l'incroyable fourrure odorante de l'air du temps.

A ce moment là, je sais qu'Agnès parlera aussi de Sa Minette également des forêts norvégiennes qui a vécu quinze ans durant une vie de star, se prélassant dans les vignes, y dormant à la belle saison sous le ciel pailleté d'étoiles et sans insomnies les nuits de pleine lune, se rendant au culte du dimanche matin lorsqu'elle en avait envie, fréquentant les mariages chicissimes sur la terrasse avec vue sur le lac, descendant la ruelle pavée jusqu'à La Muette, s'invitant avec un extrême sans gêne chez la fille du poète pour le tea time ou l'apéritif. Dans la voix d'Agnès, aucun regret, seulement de la gratitude d'avoir vécu tous ces instants étonnants avec « Gribouille », l'irremplaçable.

Le chat roux a terminé sa toilette. Il s'est couché en boule sur le fauteuil turquoise, s'installant confortablement comme il se doit pour un chat d'appartement qui a tout son temps. Le psychiatre en chef entre dans la salle d'attente :
– Eh bien ce chat, que vient-il faire ici ? Je ne pense pas qu'il soit là comme patient. C'est plutôt lui que les clients devraient consulter.

Tout le monde sourit et opine du chef.
Le chat roux n'a pas bronché. Arrive un psychologue :
– C'est la première fois que je vois ce chat. Depuis le temps que j'en entends parler !

Agnès se lève, c'est l'heure de la consultation. Le chat roux brusquement se réveille. Ses prunelles turquoise fixent Agnès.

Le même turquoise que le fauteuil.

L'ours en peluche

Les deux jumeaux, fêtent pour la première fois Noël en famille, en ce vingt-cinq décembre mil neuf cent quarante-cinq.

Avant, de 1939 à 1945, c'était la Mob ; ça n'avait jamais été Noël. Le père, soldat d'élite, ne pouvait pas revenir à la maison comme il aurait voulu. Pour chaque Noël de guerre, il a reçu, en remplacement, une médaille. De toute façon, les jumeaux étaient trop petits. Comment se seraient-ils souvenus, à onze mois, du premier Noël de leur vie ? Puis ensuite, encore trop petits pour se souvenir. Puis trop jeunes. C'est pour cela que leur mémoire, jusqu'à ce Noël-là, est comme un grand trou noir : pas de sapin, pas de bougies. L'obscurcissement.

A presque sept ans, ils ont, pour la première fois, fêté Noël avec leur père, qu'ils avaient tout de même fini par reconnaître, malgré qu'il ne portait plus l'uniforme vert-de-gris d'appointé, qu'il n'arrivait plus seulement pour poser devant la porte de l'appartement, dans le corridor noir, son immense sac, son casque. Le fusil à crosse de bois, avec lequel il était formellement interdit de jouer et la baïonnette dans l'étui, qu'il dégrafait en même temps que le ceinturon de cuir dur. Maintenant, le père était de retour pour de bon, rendu à la vie civile, ce dont les jumeaux n'avaient aucune conscience, sauf que leur petite maman riait à nouveau.

Et quel Noël ! Quel trésor pour la mémoire qui commence à enregistrer consciemment en un si beau jour !

Ils se souviennent que leur minuscule grand-maman de un mètre quarante-sept, aux si nostalgiques yeux gris, qu'ils appelaient familièrement en dérivé de l'italien « Nonna », « La Nonette » leur avait fait préparer sur la table de la cuisine, parce que bien entendu il n'y avait pas de salle à manger, un gros morceau de pain noir pour l'âne, parce que bien entendu il n'y avait pas de pain blanc, et un verre de vin rouge, du « Montagne », pour le Père Noël. Les jumeaux avaient déposé côte à côte, comme ils vivaient, leurs chaussures d'hiver, des socques qu'ils aimaient porter, parce qu'elles étaient bien chaudes et qu'elles claquaient sur le chemin gelé de l'école. Bien alignées sur le carrelage, juste après la plaque de tôle noire où tombaient des cendres, lorsque maman vidait le tiroir du fourneau, et parfois des braises extraordinaires et dangereuses, lorsqu'elle ravivait le feu. Puisque le Bon Enfant arriverait par la cheminée, la Nonette avait dit que « i tchit » (ce qui veut dire les petits en patois turinois) iraient au lit de bonne heure. Ouste, avait ajouté papa, les gamins au lit ! car on va laisser le feu s'éteindre... Dans leurs semblables pyjamas molletonnés, les jumeaux se mirent au lit tout excités. Leurs parents et la Nonette vinrent les embrasser et tirer les couettes jusque sous les mentons, en contrôlant la chaleur des bouillottes métalliques enveloppées d'une chaussette grise de papa. Malgré qu'ils soient excités comme des puces, ils s'endormirent illico.

Le lendemain matin, ils s'éveillèrent et jamais nuit n'avait passé si vite. Il était tôt, parce qu'il faisait encore sombre. C'était Noël.

Ils découvrirent de miraculeux paquets déposés sur les socques qu'ils ne voyaient plus. La Nonette n'avait pas menti. Le Bon Enfant était passé par la cheminée et avait déposé des cadeaux dans du papier de fête couvert d'étoiles dorées et argentées, de rameaux de sapin plus verts que verts et de nœuds rouges imprimés, encore plus gros que ceux des rubans entourant les paquets.

Maman et Papa, déjà habillés, car jamais ils ne traînaient dans l'appartement sans être décemment vêtus, regardaient la joie des gosses, qui les renvoyait à leur joie d'enfants, car tous les parents ont été des enfants, ce qui est très important et qu'il ne faut jamais oublier. Ils n'étaient pas gâtés et pour eux une orange était un miracle de la même couleur mais un peu plus gros qu'une mandarine. En ce Noël, ils complétaient, à travers le bonheur de leurs gamins, le simple bonheur de leur enfance, puisque tout est relatif. Ils savaient déjà qu'ils utiliseraient bien les temps à venir, qui ne pouvaient que devenir meilleurs, ces temps qu'ils espéraient si fort. Grâce à cet espoir chevillé au corps, à ce goût du travail et à ce courage d'entreprendre, ils vivraient la réalisation de cet espoir d'un avenir meilleur.

La jumelle, pieds nus et toujours en pyjama, découvrit un énorme livre plein d'images, puis une dînette verte d'une matière inconnue, toute parsemée de violettes. Le jumeau, lui, plus impatient que sa sœur, qui elle avait soigneusement défait les faveurs et replié les papiers colorés dans leurs plis, déchirait les emballages. Il découvrit le bonnet et les moufles de ses rêves, rouges, avec d'énormes flocons de neige blancs en forme d'étoiles.
– C'est de la pure laine, ce sera bien chaud, disait maman ravie.

Il mit le bonnet, enfila les moufles et se pavana dans la cuisine. Puis il attaqua en force le plus gros paquet et en sortit un ours en peluche rose aussi grand que lui. La jumelle abandonna sa dînette pour s'approcher de l'ours qui la fascinait, avec ses yeux de verre brun à la pupille noire, son nez noir brodé. Bon prince, son jumeau le lui prêta.

– C'est bon, maintenant, vous mettez de l'ordre, vous vous lavez, vous vous habillez et on déjeune.

Plus tard, dans la matinée, de bonnes odeurs se répandirent dans le logement. Une grande table, faite de petites tables ajoutées les unes aux autres, fut recouverte d'une nappe blanche et on sortit la vaisselle du dimanche, celle avec les myosotis bleus et le bord en or. Vers midi, arrivèrent les grands-parents – il n'en restait plus que deux – l'oncle célibataire. Le repas fut certainement une réussite. Maman était si bonne cuisinière et elle ne se plaignait plus qu'il n'y avait pas de beurre. Elle pouvait faire des desserts incroyables avec du sucre et des œufs qui avaient été introuvables si longtemps. Il y avait une bûche de Noël avec dessus une feuille de houx et un petit champignon en sucre et, sur un écriteau de massepain, posé en biais, il était écrit en chocolat « Joyeux Noël ».

Mais, en ce jour, ce ne fut pas le repas qui passionna les enfants, ce fut l'ours en peluche, qu'ils dorlotèrent, habillèrent tantôt en garçon, tantôt en fille, avec leurs propres habits, qu'ils promenèrent, le tenant chacun par un bras.

Les mois qui suivirent, à tour de rôle, ils dormirent chacun dans leur petit lit à barreaux avec l'ours rose. Jamais ils ne se disputèrent à son sujet, comme si l'ourson à la fois doux et impressionnant était un nouvel enfant dont ils aimaient la compagnie et avec lequel ils reconstituaient le couple de jumeaux pour la nuit.

Cependant, la curiosité, qui est une qualité, au contraire de l'indiscrétion, mais qui peut conduire beaucoup plus loin, habite tous les enfants.

Un beau jour, les jumeaux, qui avaient un an de plus et avaient tous deux rattrapé, puis dépassé la stature de l'ours, décidèrent de l'opérer. Ils le couchèrent sur le dos, enduisirent de pommade collante (celle que leur père utilisait pour les crevasses aux mains) le ventre de l'ours, tout autour du nombril et, armés d'une lame de rasoir qu'ils avaient subtilisée sur le rayonnage au-dessus de l'évier de la cuisine, qui faisait office également de lavabo, parce qu'il n'y avait pas de salle de bain, mais seulement un WC tout au bout du long corridor tout noir. Pour ce larcin, ils avaient attendu que maman parte aux commissions à l'épicerie de l'avenue du Tirage. La jumelle était montée sur un tabouret et avait sorti du minuscule carton une dangereuse lame emballée d'un papier parcheminé, pendant que le jumeau faisait le guet. Jamais vous n'auriez pu savoir qui avait eu cette idée géniale pour la simple et bonne raison qu'ils ne le savaient pas eux-mêmes, tel étant leur fonctionnement.

Prudemment, mais avec fermeté, le jumeau chirurgien appuya la lame qu'il tenait nue entre le pouce et l'index sur la fourrure de l'ours et l'éventra. La jumelle, un peu en retrait, jouait à l'infirmière. Tous deux se penchèrent sur l'ours qui n'avait pas bronché.

A l'intérieur, il n'y avait que de l'épicéa.

Moustique, Gribouille et novembre

Moustique, le petit chat tout noir que Papa m'avait apporté dans sa canadienne, n'a pas eu le temps de devenir un matou rance et obèse. Un jour, il n'est pas rentré à la maison. Tout jeune et fringant, il a été écrasé par le camion des ordures, à la Clergère. Amaudruz l'avait certainement ramassé et balancé par-dessus la barrière aux piquets métalliques pointus qui entourait le rectangle d'orties, derrière la gendarmerie, où Papa l'a découvert. Papa a franchi sportivement les dangereuses épées, a ramassé le cadavre et me l'a tendu à travers les barreaux. Moustique, tout froid, malgré sa belle fourrure. Tout raide.

– Pas abîmé du tout, a dit Papa.

J'étais tétanisée, je ne parlais pas, je ne pouvais pas pleurer.

De retour à la maison, nous avons déposé Moustique dans un carton à chaussures, sur un lit de coton hydrophile et l'avons enterré au jardin, sous une petite croix faite de deux bâtons. Ce fut le premier enterrement de ma vie.

C'était novembre.

Des dizaines d'années passèrent, et j'eus une chatte, que je baptisais Gribouille. Dans sa quinzième année, elle disparut. Je la cherchai partout durant une semaine, descendant à Mallieu, au port, plus loin encore, questionnant les gens que je connaissais ou les inconnus. J'étais pleine d'énergie dans ma recherche, mais mon cœur pleurait.

– Elle est morte, elle n'a pas voulu te faire de peine, me disait Francis pour me consoler.

Je dus me rendre à l'évidence que plus jamais je ne caresserai Gribouille, mon amour, qu'un ami avait baptisée « La Star du Préau ».

C'était novembre.

Depuis la mort de Moustique, je n'avais jamais voulu avoir de chat à moi, peut-être parce que je ne voulais pas souffrir. Mais Gribouille a choisi notre maison pour s'y établir. J'ai lutté, tenté de la restituer à son propriétaire mais, assidûment, elle a persévéré à s'établir chez nous. Alors, j'ai été amoureuse d'elle sans retenue. Elle et moi avions le même goût de la liberté, le même coup de patte nerveux lorsqu'on nous agace, le même sens du contact avec les inconnus. Elle avait sur moi l'avantage d'être d'une beauté parfaite, drapée dans une fourrure introuvable, tigrée aux longs poils, et se pavanait sans en avoir l'air avec derrière elle la traîne impressionnante d'une queue ébouriffante.

Alors maintenant, quand novembre arrive, que les feuilles tombent dans l'ordre naturel des choses, je pense à la vie qui passe, à ceux que j'ai perdus, ceux que j'aimais. Je m'angoisse à cette idée qui m'effleure : ai-je peur de mourir ou de ne plus vivre ? Mourir en novembre, cela signifie ne jamais revoir le printemps.

En voiture, le long de la route du lac, j'ai vu un petit chat tout mouillé mort dans le caniveau :
– Il est au paradis des chats, ai-je dit calmement.

Puis j'ai vu deux sportifs ramant sur une yole en pulls rayés bleus et blancs :
– A chacun son bagne, ai-je dit.

J'ai vu un chien noir qui agitait sa queue noire avec un pompon blanc au bout, traversant au vert sur le passage jaune :
– En voilà un prudent, il ne se fera pas écraser, ai-je dit.

J'ai pensé à une épouse qui, lorsque son mari habitait avec elle, le traitait d'emmerdeur. Maintenant qu'il est placé en EMS, elle dit qu'il était un visionnaire, et je n'ai rien dit.

J'ai regardé la lumière d'un gris inégal sur le gris du lac, les teintes chaudes des feuilles.

Et toute la beauté du monde, ce jour-là, ne pouvait rien pour moi.

C'était novembre.

Le lion de Romanshorn

On m'a conté que l'histoire de Ruben avait bien mal commencé. Alors qu'il n'était qu'un tendre lionceau tétant goulûment sa mère lionne, il fut vendu à une mère d'adoption, charmante personne aussi blonde qu'évaporée. Mue par quelque instinct forcément souterrain – peut-être ces fameuses hormones jouant au yoyo et dont nous ne tenons jamais assez compte – la bipède s'était mis dans ce qui lui tenait lieu de cervelle d'élever seule un lionceau, de l'aimer et de le chérir comme l'enfant que la nature lui refusait. Il faut dire, en toute objectivité, qu'aucun mâle ne résistait à une vie en commun avec Clémentine davantage que quatre nuits et trois jours.

Clémentine, dépourvue de l'art de se remettre en question, confiait à ses amies manquer tellement d'affection. Son coeur d'amante était sans cesse ébréché, avec ces hommes que l'amour comme elle l'entendait n'intéressait pas. Et son cœur de mère qui battait sans objet, dans un tel désarroi qu'elle en éprouvait des palpitations insoutenables. Une sienne connaissance, laminée par les plaintes de Clémentine, fit venir d'Afrique, en contrebande, un lionceau. Nul ne me conta comment la lionne à qui l'on avait volé son petit se comporta, pour autant qu'elle ait eu la vie sauve.

Clémentine, avertie sur son portable de l'arrivée du lionceau au port de Marseille monta dans sa Mini battante neuve et descendit d'une traite jusqu'à la ville du bord de la Méditerranée. Elle avait amassé, sur le siège du passager, des biberons, des lolettes, des ours en peluche et même des pampers ! Sans compter les boîtes de lait condensé sucré, aliment préféré des animaux sevrés bien avant l'heure, selon les confidences d'une amie rousse aux longues jambes de sauvageonne. Ruben fut reçu comme le fils du Roi Lion, comme un cadeau du ciel, dans de monumentales effusions.

Clémentine rentra à Lausanne. Resplendissante de joie, elle passa par la douane de Crassier, où jamais aucun douanier ne remarqua aucun lion. Béat, Ruben dort en boule sur le siège arrière, sous une couverture rose bonbon garnie de franges dorées. Il ronfle de façon touchante, dans une confiance totale. Clémentine, au comble de l'attendrissement, essuie parfois une larme.

Ruben et Clémentine vécurent une passion sans partage durant presque une année. Elle le dorlotait, il la câlinait. Ils éprouvaient l'un pour l'autre une affection débordante. Hélas, les lions grandissent vite. Un matin de juin, Ruben vit arriver Faucherre, le facteur, qu'il connaissait bien. Il décocha au malheureux fonctionnaire, dont la casquette atterrit sur la pelouse, un monstre coup de patte, toutes griffes dehors. Faucherre fut emmené à toute vitesse à la permanence la plus proche, sa joue droite recousue et sa fesse gauche piquée contre le tétanos. La gendarmerie prévint Clémentine d'avoir à « liquider » l'animal, sans aucune autre instruction plus détaillée. La mort dans l'âme, Clémentine se sépara de Ruben. Elle lui trouva une pension confortable au zoo privé de Romanshorn, où elle le conduisit pour la dernière fois dans sa Mini. Couché, il occupait tout le siège arrière et bouchait toute vision à la conductrice.

Chaque premier jeudi du mois, Clémentine fait le voyage de Romanshorn, quatre cents kilomètres bien tassés, aller et retour. Ruben rugit bien avant d'apercevoir son ex patronne. Il se frotte contre le treillis entre les barreaux de sa cage pendant qu'elle lui nettoie les dents avec une brosse et du dentifrice.

Le « cocodrile »

Flora Fuentes extirpe de la poche intérieure de son sac à main en cuir vernis noir, qui brille bien plus que le sac à main de maman, la clé de la porte de l'appartement du parrain de mon frère. Le parrain de mon frère n'est pas le mari de Flora comme papa est le mari de maman. Il faut dire que maman s'occupe de nous et fait le ménage, alors que Flora Fuentes (il paraît que ce n'est pas son vrai nom, mais son nom d' « artiste ») danse la nuit sur la scène des cabarets. Elle fait aussi boire les clients.

– Elle est payée au bouchon, dit maman, comme si c'était un secret.

La peau de ses mains aux ongles longs et rouges est crème et lisse comme l'intérieur du sac dont s'échappe un parfum de poudre de riz. Flora Fuentes referme le sac d'un claquement nerveux avec un bruit de castagnettes.

Flora Fuentes est espagnole. Elle a rencontré le parrain de mon frère, barman au Palace de Lausanne, célibataire avantageux. Il est aussi grand qu'elle est petite. Elle lève vers lui d'admirables yeux bleu pâle agrandis par des cils abondamment enduits de mascara noir. Elle renverse la tête en arrière pour parvenir à voir André, Le Grand comme l'appelle papa, jusque tout en haut. J'avais toujours cru que les danseuses espagnoles avaient des yeux noirs. Flora avait agrippé André et ne le lâchait plus.

– Elle voudrait se faire épouser, disait maman.

Et elle ajoutait :

– Il paraît qu'elle le griffe. Mais il n'est pas fou, il ne l'épousera pas. Il ne mérite pas une vie d'enfer.

Sous le manteau, on parlait du tempérament de feu de Flora. Parfois, elle jurait en espagnol comme un capitaine corsaire et insultait André dans un vocabulaire incompréhensible pour nous. Puis elle riait et je voyais ses petites dents transparentes et cruelles, très écartées les unes des autres. Ses lèvres étaient enduites d'un rouge vermillon gras et brillant. Elle sortait sans cesse son bâton doré de son sac, avec chaque fois le bruit de castagnettes quand elle le refermait, ôtait la partie supérieure du tube, faisait tourner le socle et le rouge indécent sortait et elle le passait aller et retour d'abord sur la lèvre supérieure, puis sur la lèvre inférieure, serrait les lèvres l'une contre l'autre et vérifiait qu'il n'y ait pas de bavure en faisant une grimace dans la glace de son poudrier tout en or. Elle devait s'y reprendre à deux fois, car elle n'arrivait pas à voir sa bouche en une seule fois. Puis elle refermait le poudrier qui claquait, et le fourrait rageusement dans son sac. Il y avait de nouveau le bruit de castagnettes lorsqu'elle le refermait.

Je ne l'ai jamais vue danser car les enfants de l'époque ne fréquentaient pas le monde de la nuit. Il me reste d'elle une photo noir blanc grand format, de ces photos d'artistes qui étaient affichées à l'entrée du « Tabaris ». Les cheveux tirés en chignon sur la nuque, un vrai chignon espagnol, un accroche-cœur avançant sur la joue, des créoles aux oreilles, une robe avec un corsage sage, des manches longues et une jupe débordante de volants superposés. Les fameuses castagnettes dans ses mains soignées qu'elle tenait au-dessus de la tête en un geste gracieux.

Maman, mon frère et moi avons suivi Flora dans l'appartement mystérieux de l'avenue de la Gare. Il n'y avait pas beaucoup de place pour nous. Elle ne nous a même pas fait asseoir, C'est là que j'ai vu, sur un meuble laqué, que le « cocodrile » existait bel et bien. Il était en ivoire et pas aussi grand que je l'imaginais. Elle ne nous donna rien à manger ni à boire alors que, chez nous, elle faisait des pauses avec force café et tartines dans le deux pièces en sous-sol où nous vivions à quatre au sortir de la Mob. Et Flora racontait à maman qui, en fourreau à fleurettes, s'activait au fourneau à bois, versant sans cesse du café dans la tasse toujours vide de son invitée. Et Flora parlait, parlait sans arrêt, avec un fort accent espagnol, de ses amours contrariées avec André :

— Il est comme ci, comme ça et pas comme ci, pas comme ça. Il n'a pas voulu m'acheter ceci, cela.

Je voyais les mains de ménagère de maman, leur peau rugueuse, les ongles coupés en vitesse avec les ciseaux dans l'évier de la cuisine. Je voyais son regard excédé sur les misères luxueuses de Flora. Maman se taisait. Le monologue de Flora se terminait toujours de la même façon :

— Tu sais, Yoyo, un jour, à André, je lui casserai le « cocodrile » sur la tête !

Et les yeux de Flora lançaient des éclairs.
— C'est une emmerdeuse, disait papa, quand Flora avait tourné les talons. Je ne comprends pas Le Grand, s'encombrer d'un numéro pareil, un si bon type... Il s'asseyait à table et commençait à manger la soupe que maman servait.

Pop corn

Vous pouvez en acheter un paquet pour trois francs au kiosque de la ménagerie.

« IL EST INTERDIT DE DONNER A MANGER AUX ANIMAUX » disent quelques rares écriteaux suspendus pas forcément où il faudrait.

Il est formellement conseillé de transgresser la règle ci-dessus énoncée, de la transgresser joyeusement car, me direz-vous, vient-on à la ménagerie pour se gaver de pop corn ? Donc, décidons allègrement de les partager avec la gent animale.

Cela mis au point, et parfaitement en ordre avec votre conscience, vous vous promenez le cœur léger et l'âme sereine parmi vos amis les animaux, votre sachet transparent à la main bourré de grains de maïs éclaté, grains délicieusement salés, et il est bien connu que les animaux raffolent du sel...

Vous pouvez commencer votre visite en tournant en sens contraire des aiguilles de votre montre, faisant ainsi preuve d'une fantaisie osée mais, que diable, dans cet endroit, n'est-il pas temps de retrouver son enfance enfuie ? Pour revenir à vos moutons, vous commencez par les oies, en l'occurrence si blanches, autant que vous l'étiez en votre jeune âge. Elles stationnent en troupeau immobile. L'œil de porcelaine bleue, elles piétinent maladroitement de leurs pieds palmés orange, en commérant d'abondance de leurs becs orange. Vous vous demandez si cela a un rapport quelconque avec le pas de l'oie. Vous présentez une poignée de votre nourriture made in USA à ces bavardes impénitentes. Dans un vacarme total, vous sentez des becs coriaces prendre vos doigts en tenaille, et de minuscules dents vous pincer. Vous résistez héroïquement et renouvelez le mouvement de façon que chacune ait sa part, des fois qu'elles seraient jalouses...

Mais, en face, il y a la girafe qui vous attire comme un aimant. Vous entamez un mouvement traversant et un étrange museau, large et plat, tout orné de poils dorés, au bout d'un si long cou, se penche vers vous. Car la girafe a bonne vue. Elle a repéré le cornet transparent et son contenu et la voilà qui vous fait littéralement les yeux doux. Et comment résister à un tel regard bordé de si longs cils, un regard à faire craquer tous les saints du calendrier d'un seul coup. Alors vous, qui n'êtes pas un saint, allongez le bras, la main ouverte. D'une langue experte, longue, très longue, grise, douce, si douce, adroitement, prestement, sans en perdre une miette, la girafe rafle toute la ration d'un coup. Et vous, vous recommencez pour pouvoir à nouveau la regarder dans les yeux, des yeux romantiques comme on n'en voit plus nulle part, même pas sur Internet. Mais il faut se détacher. Il y a autre chose à faire que peigner cette girafe-là.

Il y a les poneys, ces coquins de poneys, blonds ou bruns, tout blancs ou avec des taches noires, les crinières tressées en couettes d'écolières. Ils auront juste un pop corn chacun, car ils sont passablement rondelets. Les chameaux à deux bosses, originaires d'Asie, contrairement à leurs compères à une bosse qui sont d'Arabie, et leurs chamelons peluches ne sont pas accessibles. Ils ruminent tant qu'on pourrait croire qu'ils vont en perdre leurs dentiers. Les zèbres zébrés conjuguent le verbe « rayer » à tous les temps en croquant des carottes.

Vous traversez la tente des chevaux dont les box métalliques retentissent du bruit des sabots. Il est l'heure du repas, servi à chacun dans un seau rouge. Quel boucan, quel appétit ! Les pur-sang arabes blancs comme sable sous la lune voisinent avec les frisons d'ébène, que vous caressez entre les naseaux, là où le poil si fin est une peau chaude.

Vous terminerez la visite par les éléphants désopilants. L'un balance sa trompe hors des cordes, et aspire de sa trompe humide et froide, dans un courant glacial, les pop corns. Un autre rit de toute sa bouche en losange rose et vous lancez des poignées en direction de cette bouche hilare, mais le pop corn si léger n'atteint pas son but et voilà que ce gros rigolo, en vous regardant du coin de son petit œil malicieux, aspire tout ce qui est tombé parterre.

Vous vous retrouvez à la sortie, votre cornet vide à la main, et vous entendez quelqu'un de votre âge :

« Je viens à la ménagerie pour mes petits-enfants. Tout compte fait, pas seulement pour eux… ».

Monologue, théâtre de l'avenir ?

— Oui, c'est moi. J'ai essayé d'atteindre Roman, mais il ne répond pas. Il faudrait qu'il me rappelle. Je suis dans le train, entre Genève et Zürich. Oui, oui, oui. Il faudrait qu'il sorte le chien. Je suis partie à huit heures ce matin. Il est seize heures et le chien n'a pas été sorti. J'ai téléphoné à papa. Il me dit que ça ne le concerne pas. Il habite pourtant à l'étage au-dessous. A quoi ça sert d'habiter la même maison ! Il dit qu'il ne sait pas ce qui lui arrive, qu'il est paralysé. Il ne veut pas sortir le chien, ce pauvre chien qui attend depuis huit heures ce matin ! Il faut absolument que quelqu'un puisse le sortir ! Oui, oui, oui. Non, non, non.

Iris se demande si elle a bien entendu. Elle se retourne mais ne peut voir « la voix ». Alors, elle continue à lire ce magazine qui lui permet d'être perméable à ce qui se passe autour d'elle.
— Alors, va dire à Roman qu'il sorte le chien. Il a sûrement fermé son portable. Tu lui dis qu'il me rappelle au plus vite. Tu n'as que l'escalier à descendre. Oui, oui, oui. Non, non, non. Ecoute, je te laisse. Si Roman ne peut pas m'atteindre, c'est peut-être à cause des tunnels. Si dans cinq minutes je n'ai pas de nouvelles, c'est moi qui le rappellerai puisqu'il aura branché son téléphone. Oui, oui, oui. Non. Je te laisse.

Iris est sidérée de ce qu'elle a saisi de cette conversation dont elle n'a eu l'écho que d'un son de cloche. Elle ne peut s'empêcher de s'étonner de l'importance de ce chien, de sa promenade. Est-ce pour le confort du chien que sa patronne insiste pareillement ? Ou pour ses moquettes, afin qu'elles ne soient pas souillées ? Iris se sentirait davantage en souci pour ce papa soudain paralysé, auquel elle accourait porter secours, ayant oublié dans l'urgence la balade du chien. Il est vrai qu'Iris apprend depuis quelques mois à se tenir en laisse quand quelqu'un est dans la peine physique ou morale, car elle a tendance à se prendre pour le Saint-Bernard de service. Elle s'étonne même de n'avoir plus à se forcer, dans cet apprentissage auquel elle aspirait, à cultiver l'indifférence, voire l'égoïsme. Auparavant, cela l'aurait effrayée. Maintenant, elle ne peut pas dire qu'elle est satisfaite de son nouvel état, mais elle s'intéresse à cette évolution. Elle parvient déjà à faire taire son indignation dans certaines situations. Et voilà « la voix » derrière elle qui lui présente le tableau très ferme de la distance, de ce lâcher prise dont tout le monde parle comme du but suprême. Iris vacille entre un certain dégoût parce que, au fond d'elle-même, elle désapprouve ce comportement. Et une jalousie intense parce qu'elle ne parviendra peut-être jamais à gérer une telle situation avec pareil recul qu'elle ne peut s'empêcher de qualifier de non-assistance à personne en danger. Mais il faut se rendre à l'évidence que la planète souffre de surpeuplement, que l'espace vital se restreint. Par conséquent, l'égoïsme prend l'ascenseur, chacun se battant pour son territoire en bon mammifère.

Pour se détendre, Iris regarde la vue sur ce lac estival plein de douceur, qui paraît frais et défile à toute vitesse. Elle jette un coup d'œil au jeune homme à la boule à zéro et à l'ordinateur, assis de l'autre côté du couloir.

Et à nouveau « la voix » :

– Roman, c'est toi ? Je vois que Véronique t'a fait le message. Tu vas sortir le chien immédiatement, ça fait depuis huit heures ce matin qu'il est enfermé. Et je ne suis pas encore de retour. Pas avant dix-huit heures. Tu diras à Jacques de venir me chercher sur le quai, parce que j'ai d'énormes paquets. Oui, oui, oui. Non, non, non. Papa ? Ah oui ! Il a dit à Véronique qu'il était paralysé. Qu'est-ce qu'elle avait besoin de te le répéter ! C'est sûrement à cause de ses médicaments. Le médecin a modifié le dosage et papa, comme d'habitude, a doublé la dose. Je lui avais pourtant tout préparé sur sa table de nuit. Il est de nouveau en train d'en faire tout un plat pour se rendre intéressant. Mais il peut attendre que je sois de retour. Je téléphonerai à son médecin et on rectifiera le tir. Non, non, non. Tu n'as pas besoin de t'occuper de lui. Oui, oui, oui. Tu t'occupes sans faute du chien.

Iris, sciée, écoute maintenant le silence. Elle n'en revient pas d'une telle froideur qui confine au cynisme. Pourtant la voix n'est pas désagréable. Seulement tranchante. Iris n'est qu'une dame à chat. Elle sait qu'il existe une différence entre les dames à chien et les dames à chat.

Une voix d'aéroport annonce au micro le prochain arrêt. Iris roule ses journaux dans son sac, se relève, se redresse. Elle va passer devant « la voix » pour atteindre la sortie.

« La voix » a maintenant un visage et un corps. Des sandalettes élégantes traînent sur la moquette, en désordre. Deux pieds nus aux ongles carmin sont posés sur le siège d'en face. Le portable à la main, la femme regarde le quai. Partout autour d'elle sont étalés des journaux et les voyageurs qui empruntent le couloir évitent soigneusement de marcher dessus.

Comme on ne parlerait pas à un chien...

Jour de marché à Morges, dans la Grand'Rue. C'est le printemps depuis un mois, mais le temps est encore loin d'être doux. Un air frisquet gèle les maraîchers et les maraîchères en vestes rembourrées et rustiques bonnets. Les étals des fleuristes confèrent une joie frigorifiée à cette coquette ville, et les marchands d'olives et de fruits secs ont édifié des pyramides d'épices colorées, avec ce petit quelque chose d'Alexandrie ou de Marrakech, touche agréable de teintes et de parfums exotiques. A Marrakech, il doit aussi faire froid, davantage que sur les prospectus des agences de voyages. Dernière vague de froid avant les Saints de Glace ? Qui se préoccupe encore de ces saints-là ?

Les clients se pressent, nombreux, malgré la température, ou peut-être à cause d'elle, qui les empêche de faire du vélo, du roller, du skate, de la plongée sous-marine, des excursions en montagne. Et de s'asseoir aux terrasses comme des flans et de se laisser fondre, visages extatiques levés, bras ballants le long du siège, paumes ouvertes tournées sur le dessus, comme si le soleil était la Nouvelle Divinité, malgré les rappels des nombreux spécialistes en blouse blanche, dans les journaux et à la télé, mettant en garde contre le cancer de la peau ou autre mélanome, ce substantif si anodin et même mélodieux...

Restons dans notre rue glaciale bourrée de monde, car il s'avère impossible de trouver une table libre dans l'un des nombreux cafés ou tea-rooms, tous pris d'assaut pour la sacro sainte pause du matin. Donc pas moyen de boire un chocolat comme l'a fait Bécaud avec sa Nathalie sur la Place Rouge certainement bien plus vaste et moins encombrée un samedi de froidure et d'emplettes.

Une dame entre deux âges, le visage anguleux, lunettes à monture dorée, cheveux très blonds retenus par un catogan, un caniche blanc au bout d'une laisse rose, stoppe devant un stand de boulangerie. Sans dire bonjour, ni sourire, ni regarder la vendeuse, elle désigne d'un index furieusement impératif, pour ne pas dire assassin, une miche, puis un pain aux olives.
— Ce sera tout ? demande en souriant l'accorte boulangère.
Pas de réponse.
— Quatre francs cinquante.

La blonde anguleuse fouille méchamment dans son sac, sort nerveusement son porte-monnaie et paie. Toujours sans regarder son interlocutrice et dans un silence total, elle récupère la monnaie, prend les cornets, les fourre sans ménagement dans son sac, se retourne avant de démarrer, des fois que son petit chien serait derrière elle et qu'elle lui écraserait la papatte. Jamais elle ne supporterait que son compagnon souffre. Encore plus qu'il gémisse de douleur :
— Viens, mon chéri, on y va, dit-elle tendrement.

Tiens, ELLE PARLE.

Arrive alors un labrador noir, éminemment sympathique qui s'agite gaiement au bout d'une laisse rouge, affairé à la rencontre du caniche. Il a tout plein de démonstrations d'affection, d'intérêt pour un éventuel jeu.

Que de plaisir dans le contact, qu'il voudrait encore plus direct, essayant de fourrer son nez là où les bipèdes ne le mettent jamais, en tout cas pas en public. Le caniche en est tout intimidé.

Et la blonde anguleuse de se baisser pour faire joujou avec le nouveau venu :
– Bonjour, toi ! Mais comme on est mignon !

S'adressant au maître hilare du joyeux labrador :
– C'est un garçon ou une fille ?

Comme si elle ne pouvait pas dire mâle ou femelle ?

Elle se baisse, caresse l'animal.

Même, elle esquisse un sourire.

La dame au corset

– J'ai un corset. Excusez-moi. Je ne peux pas me baisser.

Carola lève le nez de son journal et regarde, à une table en face, une dame dans la septantaine bien contrôlée, assise, toute raide. La dame fume Muratti, ce qui étonne Carola. Elle exhale avec dignité un long jet de fumée en toisant l'homme, assis un peu plus loin. Il a sorti quelque chose de sa poche et un mouchoir est tombé par terre. Un minuscule vieillard émerge de derrière son journal. L'air égaré, tout tassé sur lui-même, il sourit et ne répond pas. La dame désigne toujours, d'un index autoritaire, ces index dont Carola se méfie, le kleenex sur le carrelage. Le monsieur obtempère, le ramasse et le fourre dans sa poche en balbutiant quelque chose.

Carola pense à ces mouchoirs parfumés bordés de dentelle que les dames laissaient intentionnellement tomber afin qu'un galant s'autorise, en le restituant à sa propriétaire, à lui adresser la parole. Elle se souvient, dans sa jeunesse, avoir fait le coup et ça avait marché ! Et voilà que, dans le cas particulier, les rôles sont inversés. Mais la fumeuse de Muratti ne semble pas à la recherche de flirt. Elle donne plutôt dans l'impérieux. Elle est nette, soignée, sans maquillage, porte des lunettes à fine monture dorée, ses cheveux gris sont tirés en arrière. Une femme austère et responsable ? Carola s'interroge en la regardant discrètement, car elle n'a aucune intention ni de parler, ni de compatir. Sous la table en face d'elle, elle regarde avec hébétude les pieds de la dame dans des chaussures plates de vernis noir. Ces pieds sont écartés et Carola voit, dans l'entre jambes de la dame, une petite surface d'étoffe blanche de sa culotte, en haut de la chair blanche veinée de bleu. Carola sait que les douairières pleines d'autorité s'assoient ainsi et s'effraie de ce regard qui se met à la fixer à travers les verres des lunettes. Carola, méticuleusement, fait semblant de regarder ailleurs. Oui, c'est vrai, elle a peur de ces vieilles dames intransigeantes. Et puis, elle n'a aucune envie de converser. Elle n'a surtout aucune envie d'être commandée, alors elle l'a à l'œil, cette dame...

« Tu vois, Carola, la saison qui tourne ne te vaut rien. Toi si aimable, te voilà à ne même plus adresser la parole à une femme malheureuse prise dans un corset. A ta décharge, il faut dire que tu as donné, pour les corsets ! »

Elle regarde la dame se lever péniblement, enfiler seule sa veste avec difficulté.
– Tu sais, Carola, tout de même, tu pourrais lui donner un coup de main !

Elle en est là de ses réflexions lorsque surgit, de dessous le banc sur lequel était assise la dame, un pimpant caniche royal noir qui se dirige droit sur Carola. Il se dresse, pose ses deux pattes avant sur la table, comme de gracieuses mains auxquelles il ne suffirait plus que de vernir les ongles bien rangés. Le chien regarde Carola et c'est comme s'il souriait, et voilà Carola qui fond. Elle caresse la touffe de laine sur la tête de l'animal, une laine toute douce.
– Que veux-tu le chien ?

— Il ne veut rien, dit la dame, il est gentil avec tout le monde. Simplement gentil. Il aime tout le monde, et la dame sourit. Ces temps, pour lui, c'est difficile.

Elle tient à la main une laisse rouge repliée.

— Oui, continue-t-elle. Je me suis cassé une vertèbre. Je suis dans un corset.

Nous y voilà, pense Carola, le corset... l'instrument du pouvoir et du commandement... attention, attention...

— Alors je ne peux plus me promener trois ou cinq heures par jour avec lui, et il souffre. Je ne peux plus le brosser non plus chaque jour. Voyez, il n'est pas très propre.

— Vous pourriez le faire brosser au salon de toilettage ? répond Carola pour faire diversion à une éventuelle manipulation, comme si on pouvait faire diversion à ce genre de manœuvre...La seule chose, Carola, c'est de dire non, tu le sais pourtant maintenant.

— Non, non. Il n'a pas l'habitude. C'est toujours moi qui le brosse. On attendra le quatre octobre qu'on m'enlève mon corset. Vous savez, je ne devrais pas vivre avec un chien parce que je suis allergique. Mais le vétérinaire m'a conseillé le caniche qui n'a pas des poils mais de la laine et la laine ne fait pas d'allergie. Je suis si contente de l'avoir.

La dame finit de boutonner sa veste. Elle a soudain l'air moins sévère. Ou est-ce Carola qui sent que le danger est passé ?

— Vous voyez, et la dame soulève sa veste et entrouvre sa blouse pour montrer des armatures de plastique blanc et d'étoffe bleue. Ils m'ont mis un corset. Je ne peux pas bouger, c'est terrible.

Carola renonce à en rajouter en parlant de ses deux épaules cassées à deux ans d'intervalle, de l'épais gilet de contention par deux fois en pleine canicule. Elle continue de caresser la tête du chien qui n'a pas bougé, comme s'il voulait rester auprès d'elle. Elle a appris maintenant – oh ! pas depuis une éternité – que la meilleure des choses à faire, pour soulager l'autre, est uniquement de l'écouter, mais sûrement pas de lui obéir, ou de prévenir ses désirs avant même qu'il ne les ait formulés. Et la dame de donner une foule de détails sur sa vie, son appartement, les fleurs de son balcon, ses journées, son organisation depuis qu'elle porte ce corset.

Elle vit seule, se dit Carola. Elle n'a personne à qui parler.
— Et bien, voilà, je vais rentrer chez moi, dit la dame. Au revoir.

Elle attache la laisse au collier rouge du caniche, le tire et s'en va très lentement jusqu'à la sortie.

Carola pousse un soupir de soulagement. Tu fabules, se dit-elle. Elle n'était pas si méchante que ça, la dame au corset. Tu n'avais pas besoin d'avoir si peur. Et puis, quel adorable caniche. Il m'a réconciliée avec cette race. Dommage, j'ai oublié de demander comment il s'appelle…

Le chien noir et le camion jaune

Lola débouche de l'escalier roulant sur la Place Neuve, presque devant l'établissement médico social, dénomination moins péjorative que « asile de vieillards ». A époque évolutive, termes adaptés. Elle va, le nez au vent, bonnet et mitaines rouges, doudoune noire, faire ses courses à la Migros où elle constate, presque jour après jour, que son franc n'est plus si gros.

Autour de la vasque peu profonde garnie sur le flanc Est d'une sculpture genre dentier aérien, elle entend crier des gosses. Des mamans de jour rient. Un chien noir et jeune, les oreilles interrogatives et la truffe interloquée, les quatre pattes dans dix à vingt centimètres d'eau, est l'objet de toutes les attentions :
— Vas-y, cherche !
— Il n'a rien vu.
— Il ne sent rien.
— Normal, dans l'eau.
Sa patronne lâche la laisse rouge.
— Vas-y, cherche, Boulou ! Devant toi.
Le chien lève le museau. Il ne comprend pas. Bien jeune encore.
— Tu le vois, le camion jaune. Cherche, cherche ! Joue avec.

Des gamins coupent des branches dans la haie proche. Ils tentent de rapatrier au bord du bassin le jouet jaune d'environ vingt centimètres de long. Peine perdue. La branche n'arrive pas à atteindre le centre de la vasque.

Le chien, toujours les pattes dans l'eau, renifle, éperdu. Sa maîtresse le conseille énergiquement. Lola s'adresse à elle :

– Je vais chercher un balai à l'EMS. Et on y arrivera.

A son habitude, elle démarre sur les chapeaux de roue. C'était le signal que le chien noir attendait. Lola stoppe, car l'animal a repéré le camion jaune. Il joue avec, le soulevant délicatement de l'antérieure droite. Autour du bassin fusent les encouragements, des oh !, des ah ! tu vas y arriver. En flânant, le chien noir amène le jouet au bord de la vasque. Le gamin à qui il appartient s'est posté au bord. Avec des hurlements de joie, il récupère son bien. Des applaudissements fusent. Le chien s'ébroue, sa maîtresse le félicite :

– Boulou, brave, brave.

Lola regarde tout ce petit monde. Elle se sent joyeuse comme une gamine.

Le fil d'Ariane

Ariane est assise à la place du mort dans la grosse voiture de son mari, stationnée devant leur maison. Câlin, le teckel roux, aboie en s'agitant sur le siège arrière. Passant entre la voiture et le mur, je gratte à la vitre de la portière. Ariane, qui regarde droit devant elle, tourne son visage vers moi. Elle a l'air tendu et triste. La surprise l'arrache à ses pensées. Elle pèse sur un bouton et la vitre qui nous sépare s'abaisse dans un léger ronronnement.

– Vous partez ? Avec vos cannes, vous serez mieux à la campagne. Mais il doit faire chaud en Bourgogne. Il n'y a pas davantage d'air qu'ici. Est-ce que vous pourrez vous baigner dans la piscine ?

– Non, non. Mon opération est encore trop fraîche. Je ne peux pas prendre le risque de glisser. Et puis l'eau sur la cicatrice, ce n'est pas conseillé. Câlin, ça suffit, reste tranquille. Et puis, je n'aime pas l'eau froide. Elle a quand même vingt-huit.

– Vingt-huit ! On ne peut pas dire que c'est froid ! Je ne suis pas une fanatique non plus, mais à cette température, je me lancerais…

Le visage d'Ariane est levé vers le mien. Je me suis baissée et accoudée à la portière pour mieux pouvoir converser. Malgré la septantaine passée, Ariane n'a aucune ride. Ses traits sont seulement tendus. Derrière les lunettes mode, depuis quelques mois, le regard s'est durci. La bouche s'est amincie malgré le trait de rouge à lèvres qui déborde pour la rendre, sinon plus pulpeuse, du moins un peu moins dure.

– Vous savez, mon mari ! Il n'enlève que sa tasse après le petit déjeuner. Il ne débarrasse même pas la mienne. Quand je suis rentrée de la clinique, la seule chose qu'il a trouvée à me dire c'est : « Tu pourras trier les pommes de terre que je dois arracher ». Il ne fait rien, mais rien pour me décharger. Je dois tout faire. En plus qu'il est sourd comme un « toupin » et qu'il faut tout répéter. Mais j'en ai marre, marre...

Et elle laisse la phrase en suspens comme si elle prenait conscience d'une évidence qui dure depuis des lustres. Puis elle reprend :
– Je dois tout faire. Maintenant, je n'ai plus qu'une canne. Mais j'ai mal au genou droit maintenant. Le médecin a dit que, si ça continue, il me fera des infiltrations.
– On vous a opéré la hanche droite ?
– Oui.

Je pense à ce que m'avait dit la physio : « Quand on se casse quelque chose à droite, c'est qu'on a besoin qu'on s'occupe de nous. Si c'est à gauche, c'est qu'il faut apprendre à devenir raisonnable ». Il y a deux ans, le mari d'Ariane a été opéré de la hanche gauche.
– Et puis, aujourd'hui, il fait la gueule. Câlin, tu veux arrêter, oui ou non ?
– Pourquoi ?
– Allez savoir, ça va durer tout le voyage et puis encore peut-être quelques jours. Il ne dit rien. Pendant ce temps, j'ai la paix.

La bouche d'Ariane se crispe.
– Il ne fait rien. Il dit qu'il a le jardin. Mais qu'est-ce qu'il a besoin de ce jardin ? Il est toujours en train de râler

qu'il faut faire ci, qu'il faut faire ça. Mais qu'il le liquide, son jardin !

Elle est franchement excédée.
– J'ai acheté du chocolat. Il est allé s'acheter la même plaque et il l'a mangée. Il n'a pas touché le mien. J'ai acheté des bananes. Il ne les a pas touchées. Il s'en est acheté trois. Il les a mangées, comme s'il avait besoin de trois bananes ! Les miennes, il les a laissées. Elles sont toutes noires dans le plat, sur la table de la cuisine.

Je reste muette. Je suis là, à regarder Ariane en silence. De la compassion doit passer dans mon regard et je pars en tangente :
– Vous savez, les hommes sont tous les mêmes. Ils n'aiment pas vieillir. Ils sont déjà égoïstes et le temps qui passe ne les améliore pas. Il faut faire avec.

D'un geste par dessus son épaule, elle désigne le chien sur le siège arrière :
– En tous cas, quand Câlin sera mort, il pourra aller en Bourgogne tout seul. Si j'y vais, c'est pour le chien. Je ne veux pas qu'il le laisse sans boire ni manger. Il ne ramasse même pas ses crottes. Et puis, il laisserait le portail ouvert. Après, moi je resterai ici.
– Je pense que ce serait une bonne solution. Voilà votre mari. Bonjour, ça va ? Vous voilà sur le départ.

Et je crie très fort pour qu'il m'entende. Et il sourit. Je ne sais pas s'il a compris ce que je lui ai dit.
– Oui, oui. Il fait chaud hein ? On part, dit le mari. Il va falloir cueillir les haricots. Par cette cuite !

Il s'essuie le front d'un revers de la main.
– Alors, bonne route !
– On se verra la prochaine fois dit Ariane. Au revoir.

La vitre remonte dans son petit ronronnement. Ariane regarde droit devant elle. Sur le siège arrière, le chien dort.

Une journée de trois chiens

Tout a mal commencé, par le téléphone du mari de Sophie :
– Elle a choisi d'aller au Grand Hôtel des Diablerets. Elle a peur pour son chien si on va dans les Franches-Montagnes. J'ai réservé deux chambres communicantes. Elle ne supporte plus que nous dormions dans la même chambre. Je ne parle pas du même lit… Je ronfle tellement. Elle dit aussi que cela ne sert plus à rien, puisque je ne la caresse même plus.

Cette fois, Henriette ne bastera pas. Elle a décidé que ce serait les Franches-Montagnes et les troupeaux de chevaux bruns ou isabelle sous ses fenêtres au réveil, leurs allées et venues silencieuses dans les grands espaces, les mouvements de crinières ou de queues, la noblesse du pas, l'élégance des museaux aux aristocratiques naseaux et les mâchoires qui tranchent l'herbe sans jamais l'arracher, contrairement aux moutons qui sont si cons.

Merde pour ce trou des Diablerets et son Grand Hôtel qui, au fond, est tout petit. Vive la liberté des grands espaces ! Henriette en a soupé de l'esclavage. Elle se préfère maintenant aux autres, tant pis si on ne l'aime plus. Elle n'en a plus rien à cirer.

Et puis, l'alibi du chien qui a peur. Se laisser commander par un chien peureux. Bof…

Henriette prépare son sac de voyage. Deux leggins, deux tee-shirts, un lainage, une jupe longue, deux slips, une paire de chaussettes, ses chaussures de maison, des ballerines rouges et des baskets. Une poignée de journaux, quatre livres pour deux ou trois jours suffiront, un bloc-notes et un stylo à quatre mines, on ne sait jamais. Elle est toute fière de préparer son sac en cinq minutes. Elle y ajoute la trousse de toilette et les médicaments.

Elle ouvre la fenêtre pour fermer les volets et voilà que le chien-loup du voisin, sur la porte duquel est inscrit « Chien bizarre » se met de nouveau à hurler, pour la vingt-cinquième fois de la matinée. Il passe un chat, une camionnette, un gamin, une vieille et son filet à commissions, une fourmi, un crocodile, un lion, une tortue, cet énergumène gueule.
– Il garde le quartier, dit la voisine.
– Je n'ai pas besoin d'être gardée, a répondu Henriette une fois pour toutes.

C'est le deuxième « chien bizarre » que possèdent les voisins. Pour le premier, il avait fallu à Henriette sept ans de réflexion – le chiffre fatidique – pour qu'elle intervienne et s'entende dire :
« Et bien, puisque mon chien vous embête, vous n'avez qu'à l'empoisonner ! », par la petite personne autoritaire qui lui tient lieu de voisine. On ne choisit ni sa famille, ni ses voisins.

Henriette, maintenant, se comporte comme le « chien bizarre ». Elle gueule par la fenêtre :
– J'en ai marre de ce clebs, ouah, ouah !

Et tout le quartier se marre, sauf les « maîtres bizarres » qui s'empressent d'enfermer le chien-loup.

Henriette sort arroser ses capucines dans le bac devant la maison. Une odeur nauséabonde flotte autour des fleurs. Elle enlève ce qui est fané, comme chaque matin et elle découvre, bien dissimulée par la végétation rampant sur les pavés, une énorme crotte de chien, bien molle, qui occupe à la fois le muret et le sol, cadeau d'un molosse inconnu au bataillon.

Elle va cueillir à quelques mètres un sac adéquat, prend son courage à deux mains, se bouche mentalement le nez, ramasse l'horreur, retourne le sachet, le noue et le jette à la poubelle.

Oui, une journée de trois chiens pour Henriette qui n'a pas de maître... A moins qu'il ne se soit agi d'une journée de trois maîtres pour Henriette qui est une dame à chat...

Sauvabelin

Il y a la forêt presque toute de hêtres aux troncs pattes d'éléphants. Ces fayards dans lesquels le vent devient musique des feuilles qui s'effleurent, se joignent, s'entrechoquent, se fuient. En automne, au pied des arbres, il y a une épaisseur considérable de feuilles craquantes et, quand on marche dedans, c'est une mélodie différente, avec des variations sèches et cassées, sur thème de bruissement incessant.

Puis, en but de promenade, comme une récompense, il y a le lac, tout en rondeur, avec son île pas tout à fait au milieu, sur laquelle gîtent les volatiles de ces lieux idylliques : canard col vert et madame, toujours par deux comme les bonnes choses, le mâle nettement plus clinquant que la femelle, qu'en dites-vous ? Et puis les oies blanches à l'œil bleu, les oies brun clair avec le derrière tout blanc en l'air, et un jars pour beaucoup d'oies, mais est-ce la norme ? Et tout ce petit monde cacarde, et il faut faire attention sur le sentier à ne pas poser la semelle dans les petits tas couleur caca d'oie qui le parsèment en quinconce. Prendre garde aussi, lorsque l'on côtoie le troupeau, à éviter les becs pinceurs.

Il y a les eaux du lac, qui sont plutôt celles d'un étang, troubles, mystérieuses, attirantes, dans lesquelles croisent d'énormes poissons gris comme des sous-marins et des poissons rouges aussi, surtout où jaillit l'eau fraîche.

Quatre bateaux à rames peuvent être affrétés pour un prix dérisoire, à l'heure ou à la demi-heure. Des couples d'amoureux font l'exercice du gars qui rame et de la belle qui laisse pendre la main au ras de l'onde. Puis on les voit, à l'étape suivante de la vie, avec des gamins, l'un debout à la proue et l'autre trop penché au bastingage, et ces gosses requièrent toute l'attention des amoureux qui n'ont plus du tout de temps pour eux.

Il y a des biches, comme dans Walt Disney, et parfois un paon qui fait la roue sans aucune modestie, déployant sa chatoyante livrée bleue mêlée de vert et les ocelles de son éventail.

Et puis, il y a la lumière indescriptible de onze heures du matin à travers les vertes frondaisons, cette lumière qui ondoie sur les eaux sombres et anime d'éclats de clarté les visages qui s'y penchent.

C'est Noël chaque jour de l'année

Lorsque vous entrerez, à la porte de la maison vous verrez, suspendu au milieu de branchages de sapin, un buste d'ange en papier mâché recouvert d'or, les ailes déployées pour vous recevoir. Son visage songeur sourit avec délicatesse. Un ange sûr de rien ? Quelle appréciable ouverture d'esprit. Des bougies de cire illuminent la maison sur les tables, devant la cheminée dans laquelle brûle un modeste feu du matin. Au bas de l'escalier, une corbeille pleine de ces petits riens de l'enfance vous accueille : cheval de paille, nœuds rouges, boules scintillantes dans la lumière rouge du souvenir, de celles que l'on dépose sur les tombes, de ces lumignons fonctionnant avec des piles garantissant la durée des fêtes et ne provoquant aucun incendie, pas tout à fait détournée de sa destination première puisqu'affectée au souvenir des réunions de famille. Dans la corbeille, aussi des Pères Noël rondouillards à la barbe d'ouate, de minuscules paquets dorés ne contenant aucun cadeau, des rubans scintillants et de fausses fleurs de poinsettia. Sur un guéridon, vous pourrez découvrir, si le cœur vous en dit encore, illuminée de l'intérieur, l'imitation en porcelaine d'une école communale avec un clocher. Sur le balcon, les mésanges, aussi colorées que des oiseaux des îles, s'agrippent aux sachets de cacahuètes et le rouge-gorge picore devant la maisonnette bleue, à l'abri des prédateurs aux griffes acérées toujours à l'affût d'une volaille à déguster à la bonne température, celle du corps de la victime.

Voilà le décor planté. Et s'il n'avait rien à voir avec l'histoire que je vais vous conter ?

Pour Basket, chaque jour est un cadeau de Dieu, sauf le dimanche, jour de fermeture des commerces. Basket est une chatte très sûre d'elle, peut-être à cause d'une part masculine qu'elle doit à son nom. De sa féminité, elle utilise la finesse et la débrouillardise. Dans son cerveau, aucune ambiguïté n'est générée par son statut mi-figue mi-raisin. Pour Basket, pas de problème, uniquement des solutions dans son histoire quotidienne. Chaque jour la minette vit au jour le jour.

Après avoir passé la nuit sur l'édredon d'une habitante de l'Etablissement Médico Social dont elle a franchi le seuil à la tombée du jour, avec tout ce que cela suppose d'attention bienveillante, peut-être de crevettes déposées en douce sur la descente de lit, seul trésor personnel de l'habitante de la chambrette qui a laissé, en entrant à l'E.M.S., en plus de tout espoir, une villa complètement meublée de souvenirs à des héritiers douloureux ou réjouis. Et des « minou, minou, toi enfin, bonne nuit minette chérie ! ». Et la chérie de s'installer sur le duvet fleuri, dans un trou bien creusé, et de ronronner et tout le tremblement sous la main légère, si maigre, couverte de taches brunes que l'âge dissémine sur la peau et qu'aucune crème ne peut effacer, le temps faisant irrésistiblement son œuvre. Quelle nuit paisible, chaude, bienheureuse passe Basket... sur sa couette. Non, non, je ne vais pas me mettre à pondre des rimes, un boulot bien trop contraignant !

Au matin, mais jamais avant zéro sept cent trente, Basket s'étire couchée plusieurs fois, puis se met sur ses quatre pattes, fait un peu ses griffes recourbées, miniatures de sabres, sur la fourre de duvet fleurie qui lui rappelle les étés de son enfance à la campagne. Par ce cérémonial peu exigeant, elle s'en va des bras de Morphée, après avoir reçu une dernière caresse de la main usée par cette vie speedée que mènent les bipèdes. En cadeau, de sa langue rêche, elle dépose un discret bisou sur la peau infiniment fine, presque transparente, sous laquelle le réseau bleu des veines dessine un itinéraire connu pour un destin inconnu. Basket sort par la grande porte qui s'ouvre automatiquement, traverse la place et s'en va à la Migros d'en face. Non, non, je ne rimaillerai point, cela prend trop de temps et il faudrait pressurer ma cervelle pénible grave en ces jours si cool !

La porte coulisse et laisse passer la chatte seule, dans toute sa splendeur, la queue dressée, dans sa tenue tigrée impeccable, aux poils brillant sous les lumières de la consommation. Quel univers séduisant, chatoyant que celui de ces petites lumières en valeur ajoutée pour la fête de Noël, bien que Basket n'oublie jamais que, pour elle, c'est Noël chaque jour de la semaine sauf un jour, toujours le septième. Elle a fini par en déduire que ce septième jour – celui que plus mort que lui, tu meurs ! – doit être ce fameux dimanche. Les magasins sont fermés. Plus personne ni pour acheter, ni pour vendre la moindre des bricoles, aucun va-et-vient enchanteur où personne ne salue personne, où chacun se sent dans la liberté extrême de consommer pour son propre bonheur, ne s'agissant plus uniquement de trouver la consolation d'un quelconque manque ; le manque : rayé de la carte.

Basket se dirige vers le rayon des fleurs, son préféré, à cause des roses et des gerberas en toutes saisons, des jonquilles et des tulipes qui vont bientôt pointer le bout du pétale après le Nouvel An, car il ne faut pas perdre son temps avec les saisons idiotes dit le directeur du marketing de la grande surface. Oui, oui, je vous promets que je ne ferai pas de rimes, même si c'est plus facile que j'aurais pu le croire. Les vendeuses Sandra et Laura ont tout prévu pour elle. Une gamelle d'eau fraîche, le bruit des croquettes immédiatement versées dans l'assiette, bruit cher à l'estomac de notre Basket, qui se tricote amoureusement dans les jambes de ces demoiselles. L'amour passe par l'estomac ronronne Basket avec enthousiasme. Elle mange gracieusement et lentement. Elle sait que la table est mise pour elle dès qu'elle apparaît, avec tout plein de mots gentils. Aucune concurrence à l'horizon, aucun matou balafré, goinfre et malotru pour lui passer devant ou lui filer une torgniole. Qu'il fait bon être une chatte libre, sans préjugé aucun, pour ainsi dire sans famille, sauf celles qu'elle a choisies de son plein gré : une famille pour dormir, une autre pour manger.

Des bruits circulent sous le manteau de la fourrure. Il semblerait que Basket ne s'en tiendrait pas là. On la qualifie même d'opportuniste. Elle disposerait encore d'une autre, voire de plusieurs crèches, dont une extrêmement raffinée, où s'étendre dans le cachemire et la soie d'une pashmina, au coin d'un splendide feu de cheminée, et de s'y faire câliner par une très belle jeune personne dont elle s'enivre chaque dimanche du parfum enchanteur. Elle a reconnu l'inimitable « Jardins de Bagatelle » de G……. Paris. Son odorat subtil respire cette senteur paradisiaque jusqu'à ce que Basket tombe fine saoule sur la suave moquette coquille d'œuf qu'elle ne salit jamais. Nul n'a trouvé l'adresse de cette crèche inviolable. A l'E.M.S. chacun sait que, à part les dimanches, chaque fête carillonnée, et particulièrement le soir du Réveillon, Basket s'inscrit aux abonnés absents. Qu'il gèle à pierre fendre, neige ou vente, Basket change de crémerie, comme dit Madame Henriette Durant, avec son bon sens paysan, et sans émettre aucun jugement car elle sait ce qu'ont été ses réveillons, toujours les mêmes, en fourreau et tablier devant le fourneau de la cuisine, tandis que Monsieur Georges Durant, son époux jusqu'à ce que la mort les sépare, buvait ses godets de piquette et de pomme à la cave en fumant des cigarettes de gros tabac roulées par ses soins. Elle peut comprendre que cette ravissante minette à la prunelle verte comme l'émeraude dont Henriette Durant rêvait au coin du potager, à tel point qu'elle finit par s'acheter à l'Uniprix une bague avec un ersatz de pierre verte brillant quand même assez, grâce à la monnaie des légumes vendus au marché. Elle mentit à son mari, lui racontant avec aplomb que la poche de son tablier était trouée. Elle avait passé de nombreuses années encore, lors des réveillons qui se succédaient sans jamais changer, rêvant en regardant la pierre verte. Maintenant qu'elle est veuve et vit enfin peinard, s'occupant à des broutilles jamais pénibles, elle porte toujours la bague à la pierre verte que son mari n'avait jamais vue parce qu'elle n'avait jamais osé la lui montrer. Elle est satisfaite de ses mains soignées, aux ongles vernis d'un rose discret par Leila, l'aide infirmière qui l'a à la bonne.

Toutes les nuits, sauf celle du réveillon de Noël, Basket retrouve la main usée par la vie. Elle trouve normal, par un si beau ciel rempli d'étoiles se reflétant dans les yeux des enfants aux tables des familles, de se faire plaisir rien qu'à elle en passant la soirée jusqu'au matin en compagnie de la charmante jeune personne portant « Jardins de Bagatelle » de G... Paris, personnage pareil à ceux omniprésents partout dans les vitrines, dans les journaux, à la télévision, invitant à manger, boire, se vêtir de fanfreluches, porter des bijoux vrais ou faux, des diamants qui, plus ils sont gros et purs, plus ils sont le gage de l'amour éternel. A tel point que l'humanité entière, se préoccupant davantage d'image que de réalité, pète les plombs allègrement. Les uns, la soixantaine bien tassée, totalement bling-bling, s'affichent avec un top modèle anorexique, la chevelure furieusement jaune et dangereusement longue, les seins gros comme des taches de bougie, portant cuissardes de mousquetaire. Les autres se font botoxer un max pour avoir les lèvres pulpeuses d'un mérou au sourire figé.

Alors que Basket, dans sa simplicité, use sans complexe de son ambiguïté pour agir à sa guise, sans travestir sa vraie nature ni nuire à quiconque. Pas de faux semblant. Un vrai Réveillon avec une belle personne en chair et en os, plutôt en chair qu'en os, qui partage avec elle le saumon fumé premium, lui permet un coup de langue rose dans sa coupe de Don Perignon millésimé et la serre de tout son corps et de tout son cœur avec amour dans ses bras tendrement parfumés.

Oui, pour Basket, chaque jour est un cadeau de Dieu, sauf le dimanche, jour de fermeture des magasins.

Le réveillon

Moi, John Du Pré, manant par ma mère et de noblesse campagnarde par mon père, natif de la région d'Orléans, célibataire endurci, vais vous raconter le plus étrange réveillon de mon existence.

Le trente-et-un décembre, en fin d'après-midi, je rentre à mon domicile, sans état d'âme, seul comme à l'ordinaire, portant les cornets des grands magasins contenant les ingrédients de mon réveillon solitaire habituel.

J'habite au deuxième étage d'une résidence confortable, dont la porte d'entrée est toujours fermée, les autres locataires et moi-même préférant certaines précautions à des visites indésirables. Un superbe chat angora noir aux reflets bruns, ses deux yeux d'or pur me fixant, attendait sur mon paillasson, Sa Majesté Le Plus Beau Chat que j'aie jamais vu, au poil bien entretenu, au museau frais, aux pattes solides, aux griffes brillantes qui « faisaient le pain » sur les fibres de coco.

Je suis grand ami des chats, mais ai renoncé à en posséder un moi-même, ne voulant pas infliger à mon félin préféré une vie cloîtrée et solitaire dans mon appartement. J'aurais le sentiment de ne pas respecter ma propre liberté.
– Alors, Le Chat, tu entres ?

Il a franchi mon seuil comme s'il avait depuis toujours cette habitude.

J'ai toujours en stock des boîtes pour chats et chiens car mes amis me confient parfois leur animal pour un jour ou deux. J'ai ouvert du Sheba au poulet, l'ai éparpillé dans une assiette à dessert au décor fleuri et l'ai posée sur le carrelage de la cuisine. Si vous aviez vu le Beau Dédaigneux ! Pas du tout comme les scénarii des réclames à la télévision…

Après être venu se frotter dans mes jambes, avoir reniflé le bas des rideaux, regardé sous quelques meubles, il a choisi le fauteuil dans lequel je lis mon journal, s'y est installé et endormi illico.

A vingt-trois heures trente, non sans m'être mis sur mon trente-et-un, chemise blanche avec boutons de manchettes en or, nœud pap jaune pétant, pantalon rouge ardent, j'ai commencé à préparer mon picotin. J'ai coupé le citron en deux, l'oignon en fines tranches, sorti les câpres de leur bocal et le saumon fumé du frigo pour l'arranger joliment sur un plat. Vous auriez vu Sa Merveilleuse et Dédaigneuse Majesté, l'odeur de poisson jouant le rôle de radio réveil !

Nous avons réveillonné ensemble, car je lui ai mis une assiette sur la table à la nappe damassée. Il a apprécié tout le menu et n'a pas renversé les fleurs.

A la fin du repas, mon hôte, descendu de sa chaise, s'est rendu du côté de la porte de l'appartement devant laquelle il a miaulé brièvement et avec énergie. J'ai ouvert, puis suis descendu avec lui les escaliers jusqu'à la porte d'entrée de l'immeuble, l'ai déverrouillée et ouverte toute grande. Le Chat est parti sans me souhaiter bonne année ni se retourner. Je ne l'ai jamais revu.

Voyage à Mon-Repos

Vous pouvez y arriver par l'Est ou par l'ouest, en petite foulée, la montée est légère. Au sud, l'escalier grimpe assez raide, sans être périlleux.

Si vous voyez que ça roupille dans la volière des oiseaux aquatiques, vous vous posez sur le banc et vous faites un petit clopet vaudois, personne ne le remarquera ni ne vous en voudra.

A votre réveil, vous longerez les treillis. Au sol, le bassin en forme de haricot vous rappellera celui, modèle réduit en émail blanc que « l'othorhynolaryngologiste », drôle d'oiseau en blouse blanche, vous faisait tenir de vos deux mains, lorsque vous étiez enfant, qu'il procédait à l'ablation de vos amygdales, et que vous regardiez les deux objets de l'intervention qui ressemblaient, en plus ternes et moins sains, aux morceaux de chair qui pendouillent autour du bec de ce dindon noir... Les coureurs indiens et leurs coureuses indiennes, mais le dit-on au féminin ? polissent leur poitrail avec leur bec vert. Un minuscule coq noir et feu, vaniteux et enroué, séduit sans trêve une poulette plutôt coquette aux plumes noisette, tandis qu'une autre, en demi deuil d'une élégance absolue, se détourne. Des mandarins et des mandarines, un brin décoiffés, naviguent l'œil clos.

Côté Est, le bain des chevaux, royaume en demi-cercle, dans lequel nagent langoureusement des poissons rouges et or. Après avoir dépassé la fontaine hexagonale aux quatre goulots, vous rejoignez la seconde volière, accueilli par un mainate glougloutant et miaulant à chat perché, une multitude de perruches endiamantées, folles amoureuses, séductrices énergiques et invétérées, embijoutées de turquoise, de saphir, d'éclats de corail et de rubis, qui se balancent sur d'improbables escarpolettes, l'œil vif, le bec enamouré, à grand renfort d'éventails emplumés, avec un je ne sais quoi de Mistinguett. Elles babillent, babillent, saoulent les mâles qui n'ont d'autre recours que de se laisser faire. Vous terminerez la visite par les aras bleus comme la mer des lagons et jaunes soleil, qui vous regardent passer de coin en se cramponnant au treillis de leur bec terrible et noir.

Vous vous sentirez dépaysé mais moins fatigué que si vous étiez parti pour le Costa Rica.

Vous vous retournerez pour une vue d'ensemble sur les verdures du parc et les gazons accueillants. Vous rencontrerez certainement, sans l'avoir vu arriver, un homme jeune et beau, au teint mat, avec quelque chose d'oriental et une sagesse au-dessus de son âge dans le regard. Il vous sourira. Un gros trousseau de clés pendra à sa ceinture. Il vous dira :
– Seule la beauté sauvera le monde.

Et vous resterez interloqué, car vous étiez certain que c'était la liberté qui sauverait le monde.
– Et il est parfois nécessaire de l'enfermer à clé, derrière des grilles, continuera-t-il en soupirant, comme s'il lisait dans vos pensées.
– Oui, je suis le gardien de la beauté du monde. Il est parfois nécessaire de l'emprisonner pour la sauver.

Mais il ne faut pas la cacher, car en elle réside le trésor de l'humanité.

Et il disparaîtra comme il était venu.

Table des matières

Perroquet	7
Pompon et le biscuit au maïs	11
La fauvette	15
L'oiseau bleu	17
Minette a Odysse	21
Mitsou	23
Un phalarope a Pully, kekcekça ?	24
Les deux tourterelles	26
Balthazar, Toulouse, Hilde, Lisette et les autres…	28
Rara Avis	31
Le cygne rose	35
Genoveffa	37
Presage	39
Le poulailler	41
Histoire de bete ou bete d'histoire	44
Les corbeaux	48
Les deux thons	51
Zorro	53
Manger des filets de perches	57
Elle vend des moules	59
Gribouille	61
L'important, est-ce la rose ?	63
Mygale, tarentule ou veuve noire ?	65
La queue du chat	68
Bzzz	71
La moustiquaire	74
Le « greffier » du bibliothecaire	76
Putzi	81
Araignee du soir	84
Hobby cutter	86
La vipère cuivrée	89
La sieste	91
Mi-aout	94
Narcisse et autres fleurs	97
L'ecureuil	101
A Zozo	104
Le dernier lapin	106
Abricot	108
Les souris du 15eme	110

Minette et le destin	114
Anzeindaz	118
Le betail	123
La biche albinos	126
Mimi De SpeedysCopy	132
Deux anes et peut-etre davantage	134
L'ane et le bœuf	136
Le chat roux sur le fauteuil turquoise	139
L'ours en peluche	143
Moustique, Gribouille et novembre	148
Le lion de Romanshorn	151
Le « cocodrile »	154
Pop corn	157
Monologue, theatre de l'avenir ?	160
Comme on ne parlerait pas a un chien…	164
La dame au corset	167
Le chien noir et le camion jaune	171
Le fil d'Ariane	173
Une journee de trois chiens	177
Sauvabelin	180
C'est Noël chaque jour de l'annee	182
Le reveillon	188
Voyage a Mon-Repos	190